UMA CAMA DESARRUMADA, UM casal feliz

Ricardo Marcos Corrêa
Dayse Barbosa Corrêa

UMA CAMA DESARRUMADA, UM *casal feliz*

Revertendo o ciclo destrutivo da apatia sexual

Ágape

São Paulo, 2019

PREPARAÇÃO: Alessandra Resende
REVISÃO: Eloiza Mendes Lopes | Paideia Projetos Especiais
CAPA: Bruna Casaroti
PROJETO GRÁFICO: Equipe Novo Século

Texto de acordo com as normas do Novo Acordo Ortográfico da Língua Portuguesa (1990), em vigor desde 1º de janeiro de 2009.

Dados Internacionais de Catalogação na Publicação (CIP)
Angélica Ilacqua CRB-8/7057

Corrêa, Ricardo Marcos

Uma cama desarrumada, um casal feliz : revertendo o ciclo destrutivo da apatia sexual / Ricardo Marcos Corrêa, Dayse Barbosa Corrêa. -- Barueri, SP : Ágape, 2019.

1. Casamento - Aspectos religiosos 2. Relação homem-mulher - Aspectos religiosos 3. Sexo - Vida cristã I. Título II. Corrêa, Dayse Barbosa

19-2128 CDD-248.4

Índice para catálogo sistemático:
1. Relação homem-mulher - Aspectos religiosos 248.4

EDITORA ÁGAPE LTDA.
Alameda Araguaia, 2190 – Bloco A – 11º andar – Conjunto 1112
CEP 06455-000 – Alphaville Industrial, Barueri – SP – Brasil
Tel.: (11) 3699-7107 | Fax: (11) 3699-7323
www.agape.com.br | atendimento@agape.com.br

Agradecimentos

Sentimo-nos privilegiados pelo ministério que desenvolvemos. É um desafio elevado; grandes e extraordinários acontecimentos fazem valer a pena tudo o que acontece nele. Todas as pessoas que um dia passaram por nossas vidas e deixaram ensinamentos eternos são presentes de Deus para nós. Não podemos citar o nome de todos, pois uma parte considerável deste livro são de histórias do casamento de algumas dessas pessoas. Compreendemos o propósito das emoções que vivemos junto com os casais, foi importante a confiança depositada em nós quando nos convidaram para participar do desenvolvimento do relacionamento deles. Somos gratos por toda a matéria-prima que proporcionaram a nós, que foi usada para nosso crescimento como casal e em nosso ministério. Pudemos juntar este tesouro e o colocamos neste livro.

Agradecemos pelo suporte das famílias de nossa amada igreja, somos agradecidos pelo sincero apoio que nos dão mediante as orações, pois elas nos fortalecem e trazem muito incentivo. Obrigado por todas as palavras e obras. Recebemos apoio e motivação para exercer o nosso chamado e com isso alcançamos maior território. Muitas são as tarefas e os compromissos que temos e, sem essa família, que é considerada a família maior, pouco ou nada conseguiríamos. Reconhecemos isso de coração, desejamos que sejam abençoados por cada semente depositada em nossas vidas e em nosso ministério.

É justo mencionarmos amigos e amigas que não frequentam uma igreja evangélica formalmente, pois esse fato não diminui a importância que eles têm neste ministério. Vocês possuem esse mérito, porquanto compartilham muitos livros do nosso ministério para ajudar famílias e casais. Quanta bondade e sensibilidade demonstram com esse trabalho! O engajamento de vocês é inspiração e nos enche de orgulho por nos ajudar nessa missão.

Agradecemos a Deus por seu amor, nos sentimos constrangidos pela confiança que Ele depositou em nós. Tememos muito não corresponder às expectativas que o Senhor tem com o trabalho que realizamos, uma vez que somos cheios de imperfeições, dúvidas e fraquezas. Mesmo com a nossa imensa limitação, Deus permite-nos fazer parte da sua obra. Expressamos a gratidão que confessamos interiormente por tudo o que vemos o Espírito de Deus fazer por intermédio do nosso casamento. Tudo é a graça Dele em nós. Como somos abençoados por tudo que escrevemos aqui!

Os autores

Sumário

Apresentação

Para ter um casamento ajustado, feliz e bem-sucedido, não basta ser cristão e estar apaixonado. A aparência de que tudo está bem não vai convencer por muito tempo e tornar a convivência um agradável motivo de satisfação. O casamento é constituído de intrigantes detalhes, afinal é composto de pessoas. Somos uma mescla de infinitas variáveis. Um dia acordamos felizes, gratos, cheios de amor para oferecer, porém, sem motivo justificável, podemos na manhã seguinte despertar impacientes, detestando qualquer pergunta, até a voz do cônjuge parece causar irritação. Nós que estamos casados sabemos o quanto é trabalhoso manter um relacionamento equilibrado e linear invocando e cultivando emoções que vão de suportáveis a agradáveis. Muitos casais se divorciam pela pouca prática do diálogo. É impressionante como despencam do quadragésimo andar até o subsolo em alguns meses de relacionamento! Nós já nos surpreendemos muito com casais que eram felizes e cheios de esperança que, do dia para a noite, anunciaram a separação. O casamento não se mantém apenas com oração, mas também não se sustenta sem ela. Dificilmente o casal permanecerá casado "até que a morte os separe" por causa dos filhos. Inexiste um relacionamento vitorioso sem a realização pessoal de cada um dos cônjuges. Não há como um matrimônio durar somente porque os cônjuges são líderes religiosos e, por esse motivo, não se prestarão ao escândalo da separação. O que faz o marido e a esposa permanecerem casados é o amor recíproco. Se o amor for praticado à luz da sabedoria da Palavra de Deus, as pessoas que estiverem à beira do divórcio ou da estagnação voltarão a dar as boas notícias de que, em vez da separação ou da apatia, estarão refazendo a vida.

Quem ama escuta o cônjuge falar das imperfeições, aquele que fala o faz com graça, nunca com vingança, raiva ou humilhação, mas para tornar o casamento forte. De nada adiantará o simples contato intelectual com a Palavra de Deus sem que se pratique a sabedoria exposta ali. Ler livros sem exercitar as tarefas evolutivas contidas neles jamais causará efeito positivo no casamento. Na vida conjugal, ambos precisam se comprometer um com o outro no objetivo de alcançar a felicidade todos os dias. Todas as noites, antes de dormir, deve-se investir uma boa semente no relacionamento. Pode ser um beijo de boa noite, uma oração, um elogio, uma promessa, uma palavra de incentivo ou... sexo! Afaste o pânico, o medo e o conflito, a verdade é que sem qualidade no sexo o casal sentirá as implicações dessa negligência. Neste livro está essa porção vital da vitalidade de um casamento. É claro que a realização do matrimônio dependerá do simples desempenho pleno do propósito do sexo na vida do casal, o que se refere também à quantidade e à qualidade do ato sexual. Os instintos básicos do sexo e do amor são poderosos demais para serem tratado com a superficialidade usualmente sugerida. O sexo é um excelente motivador, foi colocado por Deus no centro do casamento, pois Ele disse: "Por isso, deixa o homem pai e mãe e se une à sua mulher, tornando-se os dois uma só carne" (Gênesis 2:24. ARA). O sexo pode construir e elevar, ou escravizar e destruir.

Se ele, pelo casal, for santificado, pode representar um caminho para o desenvolvimento espiritual. Ou o contrário, se o casal rebaixá-lo a uma arma de manipulação, punição ou prática repugnante, ele se tornará um maligno instrumento de sedução e traição.

Seremos felizes e realizados se no casamento houver duas pessoas que têm comunicação íntima. Essa é a "unidade" em que o casamento nos transformou, uma só carne (Gênesis 2:24). Pode ser percebida com uma sensação de união e conectividade, de segurança e realização, da partilha e do prazer. A metamorfose ocorrida da expressão "uma só carne" não é metafórica, ela sucede na dimensão de Deus. Desejamos tanto o bem do outro que fazemos bem a nós mesmos. Eis a razão de o casamento bem-sucedido e duradouro ter sua base na amizade que se desenvolveu consistente e altruísta. O sexo é um meio de comunicação íntima, as pessoas com relacionamento assim alcançam saúde física, têm mais energia para enfrentar tarefas e têm mais chances de alcançar um grau alto do seu potencial. Elas são mais resistência às decepções, porque desenvolvem peculiar imunidade, e menos vulneráveis, pois suas carências afetivas são satisfeitas no sexo que têm.

Desafiamos os casais a desarrumarem suas camas e saborearem sensações que possivelmente só sentiram até agora em níveis limitados, com expressões acanhadas. Para essa experiência se tornar positiva e duradoura, durante a leitura haverá sentimentos que devem ser vencidos, como a indecisão e a vergonha, a desconfiança e a aversão. Muitas vezes, aproximamo-nos dos nossos conhecimentos para nos afastar de Deus, duramente rejeitamos a resposta das orações que fizemos quando éramos mais ensináveis e suscetíveis à voz do Espírito Santo. Hoje este livro chegou às suas mãos e temos a certeza de que encontrarão respostas e esperamos que nos contem essas experiências por meio de um e-mail ou quem sabe pessoalmente, em um encontro de casais que ministrarmos. Este livro tem a proposta de ser revolucionário na vida sexual do casal. Arrancar o pensamento de que quando os cônjuges se encontram para fazer sexo são apenas dois corpos que se unem. Engano! Deus colocou algo espiritual no sexo, e temos que depositar nossa confiança de que podemos estar mais próximos do propósito dEle para nossa união. Desarrumar a cama é para duas almas que se uniram para o sexo pela dimensão do amor.

Esclarecimento sobre a alternância de traduções/versões bíblicas

Somos privilegiados por termos a nossa disposição a Bíblia Sagrada. Outro excepcional privilégio é a variedade de versões que nos despertam para um entendimento singular de uma passagem bíblica. Por melhor que seja a tradução, ela tem limitações, e isso é inegável. Certas nuanças do significado podem escapar, por isso temos o hábito de comparar traduções e versões buscando aquela que melhor transmite a verdade em um significado com o qual possamos fazer uma aplicação pessoal contundente. Eu li muito a Bíblia nas versões antigas, em que a palavra amor era ainda escrita por caridade. Depois que trocamos as versões vieram outras: atualizada, corrigida, na linguagem de hoje, revista e ampliada, internacional, de acordo com os melhores textos em grego e hebraico etc.

Deixar de usar essa variedade de opções é um desperdício, digo mais, é uma espécie de negligência. Não usufruir deste leque é como limitamos o esclarecimento de uma verdade que poderia alertar o entendimento do leitor. É comum ao ler um versículo inserido no texto de um livro, ainda no início da leitura, lembrar-se de como ele é, e com isso deixar de lê-lo do começo ao fim. O que geralmente fazemos é passar os olhos para o parágrafo seguinte. Isso faz o leitor perder detalhes e parte do aprendizado fica comprometido. O uso de uma versão específica propositadamente enriquece a experiência de leitura. Até 1560, não havia divisões por versículos numerados, por isso algumas vezes não vamos pôr o versículo inteiro, mas somente a parte que consideramos ser adequada. Você mesmo já leu uma parte de um texto do Antigo Testamento citado pelos apóstolos, o próprio Jesus fez isso frequentemente, somente a frase que queria destacar.

Por isso, quando você vir a sigla após o texto bíblico, trata-se da versão. Exemplo: ... "não perde as estribeiras, não contabiliza os pecados dos outros, não festeja quando os outros rastejam, tem prazer no desabrochar da verdade, tolera qualquer coisa..." (1 Coríntios 13:5-7. AM).

E, quando houver apenas a referência do livro, por exemplo, (Efésios 3:16-19), você pode consultar qualquer versão.

Siglas:

NTLH – Nova Tradução na Linguagem de Hoje
AM – A Mensagem
ARA – Almeida Revista e Atualizada
NBV – Nova Bíblia Viva

Por que escrever um livro a quatro mãos?

Nesta área de casais, notamos muitos conferencistas que ministram suas palestras e escritores que escrevem suas obras sem a manifestação da outra parte, ou seja, do seu cônjuge. Isso não desqualifica a mensagem dessas pessoas. Entretanto, nós escolhemos fazer como alguns autores já fizeram, trabalhando alinhados em cada movimento com seus cônjuges. Alguns livros podem ser escritos apenas com a visão de um dos lados. Aqui procuramos mostrar que homem e mulher são perfeitamente diferentes e perfeitamente ajustáveis. Eu particularmente prefiro sempre ouvir um casal falando sobre casamento, do que apenas o marido falando o que o homem e a mulher precisam fazer. Quando escuto minha esposa falar sobre essa área em nossas palestras, noto uma resposta imediata nos ouvintes, sinalizando o quanto é positivo que uma mulher fale às mulheres ou aos homens, esclarecendo o assunto em questão por alguém que sabe pela sua natureza existencial o que está comunicando.

Quando nos revezamos numa palestra, eu assumo a outra parte, e, por exemplo, quando me dirijo às mulheres, falo pelos homens e o que esperamos que nossas esposas compreendam a nosso respeito.

O desafio de escrever um livro não foi difícil, pois cada um seguiu o trilho dos capítulos que de antemão planejamos e abordou os assuntos dentro do seu gênero. Quando falamos sobre respeito e comportamento, delineamos os tópicos dentro da compreensão geral e com o diferencial deste livro que é aplicar de forma pessoal, especificamente, de marido para marido e de esposa para esposa. A mulher necessita que o homem adote outra forma de vê-la. Saber por outra boca que o que sua esposa fala não é algo exclusivamente dela. Mas que o gênero feminino, ou seja, as mulheres são lineares em sua natureza. Vale notar que a maioria das mulheres gostam de flores. Elas gostam de carinho sem que sempre acabe em sexo. Elas preferem um chá da tarde entre amigas com bolos *gourmet, croissants, capuccino* sucos e patês especiais, tudo servido em xícaras e pratos de porcelana chiquérrimas. Pelo menos a maioria delas. Mas os homens... Não os vejo ao redor de uma mesa desta, com toalhas de rendas, segurando uma xícara e o pires com café conversando. Homem prefere uma churrascaria. Pelo menos a maioria deles. Essas são as diferenças óbvias, entretanto, há aquelas que são íntimas, os desejos são tão diferentes, as expectativas, mais ainda. Por isso um livro a quatro mãos, que eu e a minha esposa desenhamos, cujo objetivo é ser um gole de água fresca em um dia de extremo calor.

Embora os capítulos que escrevi estejam adaptados aos maridos, e os capítulos que minha esposa escreveu estejam endereçados às esposas, aconselhamos que os dois leiam este livro juntos, pois isso vai potencializar o entendimento do seu cônjuge. O que é nosso maior objetivo. Quando nos colocamos no lugar do outro, vendo e sentindo pelos olhos do outro, compreenderemos melhor cada anseio e necessidade do cônjuge. Após cada capítulo há algumas considerações numeradas e em forma de perguntas, comentários e tarefas para vocês realizarem juntos. Conversem francamente, estabeleçam uma via de comunicação que possa haver retorno de tudo o que vocês abordarem.

1 - Bem-vindo! Cama desarrumada (Ricardo)

Nós vamos falar muito sobre sexo neste livro, e espero que vocês não fiquem acanhados ou enjoados de tanto sexo! Vou começar com uma pergunta: Vocês são cama arrumada ou cama desarrumada? Mesmo que a vida sexual de vocês seja bem ajustada, pode crescer ainda mais. Se a cama de vocês está sempre arrumada, então este livro vai ajudá-los muito! Há uma ideia relativamente comum que podemos contornar com relação aos resultados negativos advindos de decisões que deveríamos ter tomado no passado, mas que procrastinamos. Sempre pensamos assim: "Isso não vai acontecer comigo" ou "Quando acontecer eu resolvo". Não é de repente, mas sim, consequente. Uma hora, o que deixamos de resolver lá atrás, de modo positivo, vem e assola nosso mundo.

Não adianta chorar o leite derramado, então vamos agir antes de isso acontecer. Tenham coragem de tocar em assuntos que incomodam vocês. O casal pode se surpreender com algo que sangraria o coração, mas que pode ser relativamente fácil de resolver. Por isso, valorizem resolvendo, amem reagindo, caminhem de mãos dadas constantemente.

Você deve ter ouvido pessoas dizer que agiram tarde demais e perderam algo muito valioso. Um casamento não tem preço, é tão valioso que Deus disse que somente o amor poderia dissolvê-lo. Dê extremo valor a tudo o que vocês um dia desejaram: se casar e viver felizes. Se algo ruim está acontecendo, desarrumem a cama!

Minha esposa e eu, por causa do nosso ministério, temos centenas de histórias de casais. Coisas que presenciamos com nossos olhos, vivendo o dia a dia com alguns casais em aconselhamentos que realizamos. Lições que nos proporcionaram preciosos ensinamentos e experiências. É interessante a história bíblica de Isaque e seus dois filhos: Esaú e Jacó. A história mais conhecida dessa família é a venda da primogenitura. Dentro desse lar aconteceram coisas que se repetem nos relacionamentos familiares atualmente. São singularidades inerentes ao ser humano. A experiência que adquirimos, e que mencionei acima, não é de descobertas que apenas nós fizemos, ela pode ser vista nesta passagem bíblica facilmente. Pois bem, conta o texto de Gênesis que Esaú, ao perceber que sua primogenitura tinha sido passada para seu irmão, disse desesperado ao pai que desse outra benção para ele. O comando da primogenitura já havia sido passado para Jacó e não havia mais como mudar isso. Então, Esaú pediu uma benção, uma espécie de profecia que pudesse compensar a perda da primogenitura. Isaque, afirmou: "Filho, pelo comportamento de toda a sua vida eu posso dizer como você será no futuro". Qual comportamento? A história não é detalhada, não há um livro grosso cheio de páginas contando a vida de Esaú em família. Porém, poucas linhas na Bíblia nos trazem certezas, e é certo que ele era uma pessoa geniosa e inconsequente, rebelde, briguenta e vingativa. Não estamos falando de coisa de criança, como beicinho, bico e cara fechada! E, sim, rancor, retaliação e terror psicológico. Jacó fugiu, porque temia por sua vida. Após aproximadamente 21 anos, quando Jacó voltou para a região da casa do seu pai, ainda temia por sua vida. Esaú era o tipo de filho que queria ferir seus pais por birra e pirraça.

> Sabedor também de que Isaque, seu pai, não via com bons olhos as filhas de Canaã, foi Esaú à casa de Ismael e, além das mulheres que já possuía, tomou por mulher a Maalate, filha de Ismael, filho de Abraão, e irmã de Nebaiote. (Gênesis 28:8-9. ARA)

A Bíblia conta que Esaú se casou com uma mulher só para provocar Isaque, seu pai. Isaque tinha desafetos com determinadas famílias e, por isso, Esaú fez questão de se casar com uma filha de Ismael só para provocar, para se vingar, por rancor. Por isso, foi certeira a "benção" que Isaque deu ao seu filho Esaú.

> *Então, lhe respondeu Isaque, seu pai: Longe dos lugares férteis da terra será a tua habitação, e sem orvalho que cai do alto. Viverás da tua espada e servirás a teu irmão; quando, porém, te libertares, sacudirás o seu jugo da tua cerviz.* (Gênesis 27:39-40. ARA.)

Este não é um livro teológico, contudo vamos fazer rapidamente uma especulação sobre alguns elementos desse texto. Não seria o termo "longe dos lugares férteis", descrito na passagem, uma alusão à falta de frutos resultantes das boas escolhas? E também a expressão: "e sem orvalho que cai do alto" uma indicação de que não haverá acontecimentos que tragam renovação e frescor para a vida pessoal? O mais grave vem agora, com a frase que mais se parece com uma sentença: "Viverás pela tua espada". Que terrível isso! Pode parecer que é uma ferramenta para se proteger, mas não é isso. Espada é para atacar. A espada tem essa característica, a de provocar um ferimento. Esaú sabia como provocar ferimentos na alma da família. Seu pai não pronunciou um desejo de vingança pela amargura de espírito que seu filho provocou. Estou certo de que foi como eu disse anteriormente, acredito que Isaque tenha dito algo próximo disso para Esaú: "Filho, pelas coisas que você fez e faz, seu futuro vai ser de inquietação, inimizade e aflição, independentemente do bem que eu quero para você".

O relacionamento provoca marcas, boas e ruins. O seu relacionamento com seu cônjuge também faz isso. E para desarrumar a cama, você e ele devem resolver o que tem de ser resolvido. Seu eu conhecesse vocês pessoalmente eu poderia dizer uma sentença como a de Isaque para Esaú? Ou pronunciaria uma bênção de verdade? O que vocês fizeram um ao outro desde que se casaram pode dizer com certeza como será o futuro. Se houve, desde o começo do casamento, interesse em fazer o cônjuge feliz com atitudes práticas, o futuro será de "campos férteis e de receber o orvalho do céu"! Se, contudo, os cônjuges apenas procuram a satisfação individual, sem retribuir ou voluntariar o amor, o futuro será "longe dos campos férteis e do orvalho que cai do céu". Um ou outro pode pensar que o sexo não é importante ou que o cônjuge é muito carente ou indiferente, porém isso não vai substituir as necessidades humanas naturais que todos possuem. Valorizem antes de perder, antes de desvanecer, antes de exaurir a vitalidade do amor.

Se eu conhecesse você e seu cônjuge um pouquinho, talvez alguns meses de contato, eu poderia dizer como vocês serão no futuro. Que tipo de relacionamento vocês teriam por toda a vida? Semelhante ao que Isaque falou para Esaú, eu diria que lutas seriam frequentes, quais as dores, as manias, as discussões recorrentes, até quais tipos de amizade atrairiam sendo vocês o que são hoje. Não adianta torcer o nariz, dizer que do futuro quem sabe é Deus. Somente Deus sabe se nós existiremos no futuro (Tiago 4:14), porém, se chegarmos ao futuro, com certeza estaremos repetindo as mesmas histórias de hoje, tão somente num tempo diferente e muito certamente cheios de marcas e frustrações. Quando chegar ao final deste livro, espero sinceramente que vocês tenham vencido algumas das dificuldades que tinham antes. Como eu já disse: deem extremo valor a tudo o que vocês um dia desejaram, que foi se casarem e viverem felizes. Se algo ruim está acontecendo, desarrumem a cama!

Desarrumar a cama significa que nem tudo em nossa vida será livre de altos e baixos e que não podemos manter a aparência de um casal perfeito que faz amor toda hora, que não se desentende por um assunto ou que vive muito ajustado sublimando os desejos sexuais. Desarrumar a cama também significa: "Ei! Não vamos deixar isso aqui arrumadinho, como se nesta casa houvesse um casal que não faz sexo com amor e amor com sexo!". Desarrumar a cama é também: "Vamos desfrutar profundamente este presente que temos!". Quando desarrumamos nossa cama, amadurecemos, tornamos nosso cônjuge feliz e realizado, nos livramos do estresse, cumprimos o propósito da união conjugal e blindamos melhor nosso casamento de desgastes e agentes negativos externos. Então, consertem tudo o que deve ser consertado. Cada um mude a si mesmo, agora. Busquem com extrema urgência e força a transformação de atitudes que mantenham a cama de vocês desarrumada.

Tornando as relações sexuais mais marcantes - Tarefa evolutiva para o casal

1. Falar sobre sexo deixa vocês dois acanhados? Se a resposta for positiva, exatamente, qual tópico dentro do assunto é incômodo e faz com que vocês se sintam assim?
2. Qual de vocês tem a iniciativa de tocar nos assuntos para resolver os problemas relacionados ao sexo?
3. Para vocês, o sexo é algo valioso dentro do casamento?
4. Dependendo da resposta anterior, isso é valioso o bastante para que se esforcem verdadeiramente,

a fim de que a vida sexual de vocês melhore?

5. Vocês acham que há algum tipo de evento ou singularidade que se repete e que parece uma espécie de "maldição familiar" que prejudica o relacionamento amadurecemos, independentemente do quanto se esforçam para viver bem?

6. Como foi a educação sexual de vocês? Respondam individualmente: aprendeu um pouco com os seus pais, na igreja, amigos, programas de TV, revistas ou em filmes? Comente com seu cônjuge de onde veio a sua educação sexual, se ela foi positiva, mas, se for negativa, de onde ela veio?

7. Comentem o quanto é importante o sexo para cada um de vocês.

8. Pela maneira como vocês se relacionam hoje, como vocês acham que será daqui a 5, 10 ou 20 anos? Avaliem e comentem com base nos acontecimentos dos últimos anos, se vocês cresceram, se estagnaram ou se regrediram no relacionamento.

2 - Arrume a sua cama desarrumando-a (Dayse)

Já li vários livros direcionados a mulheres em que, para manter a casa em ordem logo no início do dia, o ideal seria recolher o lixo do banheiro, lavar a louça e arrumar a cama; esse último, e não menos importante, talvez seja uma das tarefas mais difíceis numa casa. Conforme a rotina da família, talvez nem haja tempo hábil para fazê-la.

Também não é uma tarefa muito agradável, – eu particularmente não a aprecio, embora faça todos os dias. Mas como seria arrumar a cama desarrumando-a? Muitas vezes, consertar tudo o que precisa e mudar de atitude imediatamente, com urgência e força em um relacionamento, podem exigir um pouco de tempo, paciência, perseverança, domínio e muito esforço; isso me faz lembrar o fruto do Espírito em Gálatas 5:22-23 (NTLH). E o texto ainda diz, no verso 25, "Que o Espírito de Deus, que nos deu a vida, controle também a nossa vida". Quando há uma ação que não somos capazes de fazer sozinha, devemos pedir ajuda ao Espírito Santo, pois é Ele quem produz esses frutos em nossa vida, e, sem Ele, não há mudança nem transformação, e sem consertar, mudar de atitude, não existe condição nenhuma de arrumar a cama. O texto ainda diz que quem nos deu a vida deve ter controle sobre ela. Quem deve controlar a nossa vida não são os erros ou atitudes positivas ou negativas do nosso cônjuge, mas o Espírito Santo. Quando damos essa permissão para que Ele controle tudo em nós, as coisas tomarão uma direção diferenciada e mais acertada do que quando agimos por conta própria.

Você pode dizer: "Ah, mas sempre eu que tenho que tomar a iniciativa, eu que tenho que mudar e fazer acontecer?". É importante lembrar que o casamento é feito de renúncias, o que me faz pensar na morte de Jesus na cruz; não havia pecados sobre Ele, mas Ele sofreu a morte mais humilhante na época, morte pela crucificação. Ele renunciou sua santidade, a posição de filho de Deus, a intimidade que havia com o Pai, sabia que passaria dores horríveis e momentos de escuridão, mas Ele renunciou ao privilégio de ser filho de Deus e de tudo o que foi oferecido a Ele e, por causa disso, venceu o medo, a insegurança, o desespero e todos os sentimentos humanos que havia sobre sua vida, simplesmente para morrer por mim e por você. Esse com certeza foi e sempre será o maior e melhor exemplo de renúncia a ser seguido. Nada se compara ao fato de alguém que nem me conhecia, me amou tanto ao ponto de entregar a sua própria vida por mim. E Ele fez tudo isso para que pudéssemos ter uma vida melhor e nos ensinar a viver como Ele... "Ele morreu por todos, para que os que vivem não vivam mais para si mesmos, mas vivam para aquele que morreu e foi ressuscitado para a salvação deles" (2 Coríntios 5:15. NTLH).

Quando nos casamos, declaramos verbalmente uma aliança, uma promessa de vivermos para o outro em qualquer situação, e de que "só a morte" pode nos separar; mas, no momento em que o relacionamento aquece e as opiniões divergem, toda a aliança e todas as promessa declaradas se tornam esquecidas e até inválidas. Esquecemos o verdadeiro significado e modelo da renúncia dando força à vontade própria, ao "eu primeiro", ao desejo pessoal, sem estar interessado, muitas vezes, aos sentimentos e emoções do cônjuge; essa vontade própria é aliada do orgulho que comentarei a seguir.

Quando é permitido que o Espírito Santo controle, de verdade, a sua vida, mesmo tendo indagações, as atitudes são tomadas. E sempre ficará mais fácil ter a iniciativa em querer, renunciar, mudar, fazer diferente, arrumar a cama. Deixe eu dar para você uma dica que usei por muito tempo para dar condições de o Espírito Santo trabalhar em minha vida, pois um dia eu também questionei se a mudança teria que vir de mim primeiro. Mas a receita perfeita para viver este momento difícil é meditar no texto de Colossenses 3:23 (NTLH), que diz assim: "O que vocês fizerem façam de todo o coração, como se estivesse servindo o Senhor, e não as pessoas". Pronto! Se você ama a Deus mais que todas as coisas, você não terá mais problema em dar o primeiro passo, em andar a segunda milha. Ainda em Gálatas 5, podemos verificar no verso 26 uma instrução da parte de Deus nos dizendo que não devemos ser orgulhosos nem provocar ninguém. Isso nos mostra que deixamos de experimentar a plenitude da "cama desarrumada", porque não há mudança de atitude, e muitas vezes, o orgulho e a falta do fruto do Espírito causam deficiência em nosso relacionamento. Um dos grandes inimigos que nos impedem de arrumar a cama é o orgulho; ele não permite que a sua vida seja controlada pelo Espírito Santo, porque, na verdade, ele quer dominar o relacionamento, trazendo dureza de coração e a convicção de que você está sempre certo, mesmo não estando. Em Provérbios 13:10 (NTLH), diz: "O orgulho só traz brigas...". Então, vamos buscar o desejo de arrumar a cama desarrumando-a? Essa frase é um paradigma. O que significa paradigma? Etimologicamente, esse termo tem origem no grego *paradeigma*, que significa modelo ou padrão, correspondendo a algo que vai servir de modelo ou exemplo a ser seguido em determinada situação; é um modelo ou padrão a seguir.

Certa vez, aconselhamos por muito tempo um casal (do qual realizamos o culto de casamento). Eles brigavam muito e o tempo de adaptação e ajustes, que todo o casamento tem, foi com muito desgaste emocional; eles eram orgulhosos, buscavam suas vontades próprias e se provocavam, um não fazia o que o outro gostaria, porque o orgulho fazia com que dissessem a si mesmos que estavam certos e não deviam ceder. Não havia renúncia! Toda briga ou desentendimento vinha com uma promessa de separação. Talvez você esteja se identificando com essa situação, então deixa eu te alertar que há poder em suas palavras e, quando você declara algo, há força nessa declaração para se realizar e, se não for Deus, é o diabo quem realiza e faz se tornar realidade algo dito sem pensar na hora da raiva. "Quando muito se fala, maior é o risco de pecar..." (Provérbios 10:19. AM).

Voltando ao casal, a vida sexual deles era péssima. Onde deveria haver alegria, prazer, satisfação e amor, havia um fardo pesado. Eles viviam estressados e com nenhuma paciência; a cama vivia arrumada, porém, desarrumada.

Um dia, eles decidiram que iriam se divorciar, não havia mais sentimentos, emoções, apenas raiva, mágoas, dor e rancor; não havia sexo e, quando tinha, era sem nenhuma qualidade, não conheciam uma vida de casados com a sexualidade plena. Esse é um dos planos de Satanás para as nossas vidas, ou seja, nos privar e frustrar desse presente que o Senhor nos deixou com tanto amor; por isso, o ataque maior do diabo é nos relacionamentos. Durante os aconselhamentos com a esposa, ela sempre questionava porque teria que ter a iniciativa de mudar se o marido não se esforçava e ainda a provocava com suas atitudes. Ela esperava sempre uma atitude dele, que nunca existia, para mudar a dela. Então, nesse período em que estava resolvido que eles se divorciariam, ela se manteve calada, não cobrava nada dele e nem se importava com as suas provocações, pois já havia tomado a decisão da desistência, e não faria sentido sustentar aquilo que a incomodava. Sem ela perceber, estava tendo a atitude necessária para começar uma mudança no seu relacionamento com o seu marido. Mediante a posição que ela resolveu tomar enquanto aguardava o divórcio, foi causando impacto na vida do marido e, visto que a mulher rixosa resolveu se calar, o marido começou a reagir e fazer as coisas de maneira diferente, a ter atitudes que ela desejava e a ser aquela pessoa que ela esperava que ele fosse por todos aqueles anos. Mas por que houve essa mudança de atitude nele? Porque ela mudou primeiro, mesmo sem ter intenção. Por fim, eles continuam casados, o amor foi restaurado, eles esperam ter filhos, conquistaram bens; porque a Palavra de Deus diz que uma casa dividida não subsiste. Eles arrumaram a cama deles desarrumando-a.

Deixar a cama arrumada é pôr ordem após a negligência sexual. Arrume a desarrumando. Sua cama está arrumada, por quê? Comece a arrumá-la de maneira acertada, abordando o seu cônjuge de forma adequada. Muitas vezes não são possíveis as mudanças esperadas, porque a abordagem para tratar daquela situação não foi feita de uma maneira que pudesse ser correspondida. Todo mundo precisa mudar alguma coisa, não existe casal perfeito, mas, na maioria das vezes, o defeito do outro chama mais a atenção do que os seus próprios. E as qualidades de ambos são apagadas no calor da discussão.

Esposa, como você quer tirar o cisco no olho do seu marido se não repara na trave de madeira que está no seu próprio olho? Marido, como é que você pode dizer a sua esposa: "Me deixe tirar esse cisco do seu olho", quando você está com uma trave no seu próprio olho? "Hipócrita! Tire primeiro a trave que está no seu olho e então poderá ver bem para tirar o cisco que está no olho do seu irmão" (Mateus 7:3-5. NTLH). Se realmente quer ver mudanças em seu cônjuge, então comece por você! Não será fácil lidar com os próprios erros, não é fácil tirar a trave do próprio olho, mas não é nada em que Deus não lhe possa ajudar em parceria com o Espírito Santo. Só é possível remover a trave do próprio olho quando pararem as desculpas para os seus próprios erros. Confesse a Deus os seus erros e depois ao seu cônjuge e declare o desejo de mudar e melhorar o relacionamento de vocês. Renuncie a sua vontade própria, lembre-se de como Jesus fez e imite-o. Não faça isso esperando um retorno positivo imediatamente, mas lembre-se de que primeiro você precisa fazer a sua parte, sem levar em conta se vai ser correspondido ou não. Deus trabalha com o tempo, e é necessário que se respeite e entenda isso, para depois não haver queixas de que nada adiantou, visto que o cônjuge não se importou ou não reagiu da forma que se esperava. A confissão remove a barreira para o crescimento conjugal e proporciona um ambiente de mudanças positivas. Não espere mais tempo para viver uma vida sexual plena, Deus a deixou para você viver com o seu cônjuge com qualidade, sem negligência, sem impedimentos. O desejo do coração de Deus é que você tenha uma cama desarrumada até que a morte os separe.

Tornando as relações sexuais mais marcantes - Tarefa evolutiva para o casal

1. Quais tarefas do dia a dia consomem mais as suas energias, e como isso afeta sua vida sexual?
2. Você tem dificuldade de tomar a iniciativa em relação às coisas que você vê que estão prejudicando o casamento ou você acha que é tarefa do seu cônjuge?

3. Existe alguma renúncia que você acha humilhante?
4. Você gosta de ser sempre a primeira pessoa a ter as vontades pessoais satisfeitas?
5. O sexo é para você um fardo em alguma situação específica?
6. Há alguma negligência que você vê no seu cônjuge relacionada à vida sexual?
7. O seu cônjuge reclama especificamente de alguma negligência sua?
8. Você consegue reconhecer seus erros em relação às reclamações do seu cônjuge?
9. Qual é a opinião de vocês sobre pedir perdão e não mudar?
10. Quem de vocês toma mais a iniciativa da reconciliação?

3 - Sexo só na cama? (Ricardo)

Como o homem é criativo, ele deseja fazer sexo com seu amor em vários lugares – no banheiro, na sala, na cozinha, no corredor... É grande a lista, não vou nem mencioná-la inteira aqui, pelo menos agora. Além dos vários lugares, a lista de posições é bem interessante. É comum o homem estar com sua esposa dentro do carro, sozinhos, e logo vem à mente uma ideia: "E se eu fizesse amor com minha esposa aqui? Seria muito excitante e desafiador!". O marido até se arrisca em falar para sua esposa: "Amor! Quer tentar algo ousado? Vamos fazer sexo aqui dentro?". A mulher de imediato negaria isso. Acho que a maioria das esposas diria que é péssima essa ideia! A mulher não aceitaria esse desafio por causa das implicações dessa proposta. O homem é muito prático nesse assunto. Como? Ele foi criado assim, Deus nos fez dessa maneira! Não há nada de errado com um homem que pergunta a sua esposa: "Amor! Vamos fazer sexo aqui e agora? Deu uma vontade muito forte!". Algumas pessoas podem apresentar determinados argumentos contra essa ideia. Elas negariam que a engenharia de que foi feito o homem não justificaria aceitar que ele aja assim. Algumas mulheres acham isso um defeito. Muitas dizem que não é normal o homem querer tanto fazer sexo! Cada um tem seu perfil, contudo, a maioria esmagadora pensa muito em sexo. Há alguns homens que vivem bem sem uma rotina sexual ativa, porém são muito poucos que não têm o desejo que o desperta a querer fazer sexo muitas vezes. As pessoas que afirmam que é anormal os homens desejarem tanto sexo podem ser questionadas. Na verdade, essas pessoas se incomodam pelas razões doutrinárias da religião às quais pertencem, por alguma inabilidade emocional, que pode ter sido provocada por marcas da infância ou experiências traumáticas, ou desconhecem fatos biológicos. Para falar sobre sexo, é necessário debater sem qualquer exaltação de ânimos das partes que estão abordando o assunto, falar sem aspereza, sem ferir, sem acusar e, principalmente, sem forçar o convencimento do cônjuge. O marido deve desistir de querer obrigar que sua esposa aceite seu ponto de vista. A esposa também, ela precisa ajudar seu marido a lidar com esse assunto, o diálogo calmo e compreensivo abrandará a temperatura a que essas discussões geralmente levam os casais. Até um conselheiro convidado ajudará o casal, trazendo mais equilíbrio no relacionamento. Outra pessoa de confiança do casal pode auxiliar tanto quem reivindica mais atenção ao sexo como o lado que resiste a qualquer desafio de crescimento sexual.

COMO LIDAR COM A NEGATIVA

Vocês dois precisam muito entender uma verdade em relação aos sentimentos de ambos. Os sentimentos não estão certos ou errados. Evitem dizer que o sentimento do outro está equivocado. Deixe-me explicar a vocês uma verdade: o nosso sentimento não vem da razão. O que sentem quando alguém magoa vocês não pode ser intelectualizado. Se eu ofender vocês dizendo algo grosseiro, imediatamente ficariam chocados. Vocês não vão racionalizar primeiro assim: "Só vamos ficar entristecidos com sua ofensa por um minuto". Ninguém age desse modo, nenhuma pessoa. A resposta emocional aflora instantaneamente. Vocês ficarão chocados e magoados com meu insulto instantaneamente. Por isso, não podemos afirmar que o sentimento do outro está certo ou errado. Durante nossa formação, ainda pequenos, somos impedidos de expressar os sentimentos de raiva, descontentamento e mágoa. Somos estimulados apenas a colocar para fora os sentimentos que outras pessoas poderão elogiar. Nossos sentimentos de cólera ou mágoa somente poderiam ser aliviados com o choro, geralmente com aquela frase: "Pode chorar! Porque chorar faz bem...". Porém, é preciso mais que isso, é imprescindível dizer, até com raiva, o que está nos corroendo por dentro. Nossa criação foi para sermos educados e corteses, jamais agressivos ou ferir as pessoas por causa dos sentimentos que temos. E não para por aí: é exigida uma série de atitudes como a de não ser muito expressivo, a não gostar demais, a não se apegar muito e a não externar emoções de alegria e tristeza intensamente. Quando chegamos a determinado período da vida, de maior maturidade, temos a tendência a uma reflexão mais para o sentido racional e seletivo. Daí, nós adotamos uma posição politizada, superficial em relação a nossa verdadeira identidade. Não temos o hábito da franqueza nos relacionamentos, as nossas ações são controladas e planejadas para não sermos mal interpretados. Considere o seguinte caso: se um de vocês for um excelente confeiteiro, e eu disse o seguinte: "Uau! Você é incrível na arte de fazer bolos!", é possível uma interpretação diferente daquela que eu realmente estou afirmando. Isso pode ser entendido como uma dica de que eu quero um desconto ou um bolo de cortesia. Ou que apenas estou tentando ser simpático, mas acho seus bolos horríveis. Ou até mesmo que tenho inveja do seu talento, isto é, estou de olho gordo, desejando seu fracasso. Contudo, a verdade é que meu elogio é uma admiração sincera. Ao me relacionar com as pessoas, possuindo todo esse receio de ser mal compreendido, todas as minhas ações serão baseadas apenas no que pode ser negativo e, raramente, no que pode ser positivo. Eu não posso ficar sempre pensando que é melhor não dizer nada, pois posso criar um problema no nosso relacionamento, seja ele de amizade, de fraternidade, seja ele entre marido e mulher. Isso é uma carga negativa, que traz frustração e afastamento a cada dia até que esse distanciamento torne impossível a convivência.

Sempre haverá um preço a se pagar por reprimir os sentimentos. Qualquer sentimento reprimido tende a provocar uma reação fisiológica. Dores espalhadas pelo corpo, aumento da pressão arterial, enrijecimento ou espasmos dos músculos, problemas cardíacos. Nós somos seres emocionais, a razão é parte menor do nosso ser, a racionalidade vem após o acúmulo de muitas experiências durante a vida. Se escolhermos reprimir todas as nossas emoções, estaremos matando uma parte da nossa humanidade. Antes da queda do homem no Jardim do Éden, nós éramos seres emocionais, não fomos feitos robôs sem sentimentos e destituídos de emoções. Ao contrário disso, a nossa queda no Éden se deu por causa da emoção e não pela razão, uma prova incontestável de que os nossos pais foram criados muito emocionais. É claro que houve uma reengenharia em nossos corpos, pois a Bíblia diz que nos tornamos seres diferentes do original. Por isso não temos como evitar sentimentos ou pedir perdão por eles. Se eu magoar um de vocês com ofensas ou uma atitude traiçoeira, vocês não terão que pedir perdão por ficar entristecidos e magoados pela minha ação.

É dessa maneira que vocês devem lidar com a negativa. Se um dos cônjuges, no caso, o marido, quiser falar sobre suas emoções em relação ao sexo, a esposa não pode ficar ofendida com isso. Muitas vezes, o marido não consegue se comunicar sobre os seus sentimentos e desejos porque a esposa sempre passa por cima deles dizendo que ele pensa muito sobre sexo com ela. Se o seu marido abrir o coração para falar do sentimento de mágoa, rejeição ou frustração que tem por causa da falta de diálogo ou compreensão de sua parte, ouça-o! Há muitas esposas que não conseguem lidar com os sentimentos de seus maridos. Não é errado ele falar sobre o que sente. Não o faça se sentir sujo, imoral, pervertido, impulsivo, depravado ou ninfomaníaco por falar que deseja fazer sexo com você em outro lugar que não seja na cama de vocês. Seu marido tem o direito de expressar seus desejos, mágoas, frustrações, angústias e sonhos. Não o tolha de comunicar o que sente, não deixe que um amontoado de conceitos errados sobre a vida sexual do casal acabe com a alegria da união matrimonial. Geralmente, o cônjuge que prega que a vida sexual deve ser monocromática tem sentimentos reprimidos. O casamento precisa ser um ambiente de absoluta confiança, ambos devem propiciar esse espaço seguro e amoroso, onde podem resolver as questões dos tempos passados que os ensinaram a serem duros e inflexíveis. Um local onde desconstruir é bom. Este deve ser o pensamento do momento: desfazer aquelas impressões nocivas de que a evolução sexual do casal é desnecessária ou que o sexo fora da cama é repugnante, impuro, pecaminoso e ofende a Deus ou a educação que recebeu. Quando algo nos trava dessa maneira, precisamos dar mais atenção do que costumeiramente damos.

NÃO SEJA SEMPRE DIRIGIDO PELOS SEUS SENTIMENTOS

Não devemos falar tudo o que queremos na hora que queremos. Essa atitude pode ofender, desestimular ou afastar o cônjuge. O relacionamento sexual não precisa ser sempre na cama! Porém, o homem e, em alguns casos, a mulher, precisa entender que a massificação e a repetição de um assunto, principalmente o que reivindica sexo, atenção ou carinho causa repulsa no lado que está sendo cobrado. Nós somos capazes de experimentar uma gama muito grande de emoções. Seria muito trágico permitir que nossas ações fossem segundo a intensidade desses sentimentos. Imagine se abríssemos nossas bocas para retribuir todas as ofensas que nos fazem, sem falar em traições, maledicências, injúrias, provocações etc. Viveríamos em guerra, não haveria energia suficiente para responder a tantos insultos e problemas. A Bíblia diz em Provérbios 15:1. AM: "A resposta moderada neutraliza a ira, mas a língua afiada põe mais lenha na fogueira". Ou seja, mais gasolina, mais fogo. A atitude colérica desenfreada causa danos devastadores, e a irracionalidade rouba o melhor de nós e o que conquistamos. Minha esposa e eu conhecemos casamentos que foram desfeitos por causa do gênio incontrolável dos cônjuges. Às vezes, a falta de controle na língua, outras vezes, a falta de controle nos impulsos sexuais e até o descontrole da carteira. Não é por causa do desejo que possuem ou da emoção da conquista que vocês vão comprar tudo o que cobiçam! Não é porque veio um ardor sexual descontrolado que se pode descarregar essa energia custe o custar! Pode ser que gritando vocês consigam sobrepor um ao outro, porém não é por esse caminho que devem se relacionar para subjugar o outro. Agir de modo impulsivo, que é o mesmo que controlado pelos sentimentos, é, muitas vezes, característico de um perfil controlador. Quem assim age, o faz conscientemente, deixa se dominar pelo seu gênio, pois, sendo impetuoso, rude, frenético e até agressivo consegue impor suas vontades. Há também o oposto daquele que se impõe por meio da explosão, é a pessoa com atitude tímida, vitimista, retraída, que usa da autocomiseração para ganhar terreno nas discussões ou conseguir atenção do cônjuge.

LIDANDO COM A NEGATIVA COM ATITUDE POSITIVA

A cama, definitivamente, não é o único lugar para fazer amor. O casal deve desarrumar esse conceito, desfazer essa afirmação, desconstruir essa imposição. Se um dos cônjuges se negar a desfazer a cama em outro local ou horário, tenho umas dicas para vocês praticarem.

Primeiro: acredite! Os sentimentos mudam! O marido ou a esposa pode ficar com raiva, ou se sentir frustrado porque seu cônjuge sempre se recusa a fazer sexo em um lugar espontaneamente, sem marcar hora e data. Recuse a sugestão dos sentimentos de falar desaforos ou ficar emburrado, batendo portas na casa ou dormindo no sofá como protesto. Subjugue a raiva e faça o que é correto. Trate dessa ocorrência em outra hora. É muito importante que vocês não deixem de acertar essa pendência com uma boa conversa.

Segundo: não pergunte "Por que você faz isso?". Fazer essa pergunta ao cônjuge significa julgá-lo. É uma sentença que diz: "Você é problemático, e eu sou o certo!". Quando, no casamento, um se coloca em posição superior ao outro, destrói a confiança e a aceitação, pois no casamento os dois são iguais, um não é melhor que o outro. Na prática, se o marido se mostra muito animado para fazer sexo, sua esposa não deveria dizer: "Por que você faz isso?". É o mesmo que falar: "Por que você só pensa em sexo? Eu não sou outra coisa para você, só um corpo para fazer sexo?".

O marido, também, ao receber uma negativa ao convite que fez para a esposa, não deve perguntar: "Por que você faz isso?". É o mesmo que afirmar: "Ah, como você é fria, não vê que você tem um problema de frigidez, não gosta de sexo?".

Abordem as negativas numa outra hora e, quando conversarem sobre elas, falem sobre os motivos, sem desprezar nenhum deles. Cheguem a um acordo, digam o que o outro espera, do lado de quem pede e de quem atende. Apresentem alternativas para quando as negativas acontecem. A sugestão novamente é que haja um entendimento comum e aceitável de um casamento sadio.

Terceiro: comece uma reivindicação com um desafio ao casal, para os dois, e não uma imposição de um e uma obrigação para o outro. Não comece falando dos sentimentos acusando o outro de negligência: "Você está sendo negligente com a nossa vida sexual e por isso eu estou com muita raiva de você!". Em vez disso, diga: "Estou muito zangado e frustrado com essa situação, nós poderíamos buscar uma forma de eu não me sentir assim, eu penso que se você me falar como eu posso agir eu poderia melhorar como falo com você, pois espero que aconteça uma evolução em nossa vida sexual". Com essa abordagem, você passará a informação de que não é culpa do outro você se sentir assim.

Quando apenas um se recusa ao crescimento no relacionamento sexual e isso se torna um problema, então não é um problema apenas de um, mas dos dois. A vida sexual pertence ao casal, e não somente a um lado. Mesmo que um lado admita e reconheça a falha, o outro jamais deve se excluir da responsabilidade do que estão enfrentando. Ambos devem dar as mãos e buscar resolver o problema de um como se fosse dos dois. A rejeição é um sentimento extremamente danoso, nem o homem; nem a mulher conseguem ficar imunes ao ferimento que ela provoca, é terrível. Falar dos sentimentos é o caminho certo para desarrumar a cama, no quarto ou em outros lugares, é também desarrumar as tramas que os inimigos do casamento levantaram para destruí-lo.

Tornando as relações sexuais mais marcantes - Tarefa evolutiva para o casal

1. Qual de vocês é mais criativo sobre lugares para se fazer sexo?
2. Como o seu cônjuge reage quando é surpreendido com um convite para se relacionarem sexualmente fora da cama?
3. Pergunte ao cônjuge o motivo pelo qual ele reage da maneira que reage. Aceitando ou rejeitando o seu convite.
4. Como você reage à negativa do seu cônjuge?
5. E, depois que você reage à negativa, o que é que o seu cônjuge faz e fala?
6. Você diz que consegue compreender a situação ou é dominado pelo seu temperamento (gênio)?

7. Você prefere discutir sobre as divergências nesse assunto – fazer amor em outro lugar, fora da cama – imediatamente depois que seu cônjuge faz a recusa ou procura falar em outro momento?
8. Você acha que seu cônjuge se recusa a crescer sexualmente ou é apenas uma reação inconsciente ou involuntária?
9. Este capítulo ofereceu um caminho para o diálogo sobre esse tema?
10. Vocês conseguiriam conversar sobre isso e tentar uma alternativa boa para os dois?

4 - Destrave o seu desejo (Dayse)

Talvez você ainda esteja processando o capítulo anterior como algo que seria inimaginável pensar e tampouco realizar. Muitos de nós não usufruímos da vida como realmente Deus deseja, por causa dos nossos próprios conceitos e sistemas de crença: "minha mãe me dizia assim... Meu pai fazia isso... Não tive uma referência em minha vida...". Confesso que eu nunca imaginei que a forma de criação influenciaria tanto no relacionamento e ainda mais no casamento. Eu tive uma infância reprimida, com muitos "não pode", "seu pai não vai gostar", e isso gerou um turbilhão de conflitos no meu casamento. Tudo era muito sério, atinado e nada podia fugir do controle. Não conhecia a palavra descontração e nem uma vida sem ser escrava do dever. Mas como mencionei acima, a criação influencia muito, e meu marido, graças a Deus, teve uma criação totalmente diferente da minha para me influenciar e dar a mim permissão de viver uma vida mais livre. Mas, antes que isso acontecesse, muitos desentendimentos e discussões foram gerados, até que eu fui percebendo que precisava me permitir a viver a vida com imprevistos e situações que "escapavam" do meu controle.

COMO "DESTRAVAR" A MENTE PARA UM SEXO LIVRE

Quando vivemos uma vida baseada no nosso sistema de crença e percebemos que nem tudo é como pensamos que deveria ser, é necessário estar disposto à metanoia, ou seja, mudar a mente, a forma de pensar, ajustá-la para a realidade que está sendo vivida no momento. Dessa forma, nos são dadas condições de viver uma vida mais feliz e consciencioso. Na maioria das vezes, encontramos entre os casais bloqueios que foram gerados na infância ou na adolescência por situações que trouxeram traumas e com isso muitos bloqueios que acabam refletindo em relacionamentos na hora de desarrumar a cama. Nesse caso, é imprescindível ter um casal de confiança como conselheiro, traumas e bloqueios precisam ser tratados para serem curados. O desejo de arrumar a cama, para viver uma vida plena de cama desarrumada, muitas vezes não existe, é necessário exercitar esse desejo, resolver a raiz do impedimento e depois iniciar um processo de exercícios. Talvez você possa pensar que isso é natural e que deve sentir esse desejo espontaneamente, correto; porém, há casos em que é necessário estimular esse desejo e isso se faz através do exercício, do querer e programar a mente para que ela entenda perfeitamente essa necessidade.

Se você ainda pensa que sexo no casamento é apenas uma forma de procriar ou de extravasar o estresse, com certeza é necessário ajuda para destravar sua mente e desfrutar do sexo gostoso e livre que Deus reservou para você e seu cônjuge no casamento. Não deixe de procurar pessoas de confiança para ajudá-lo nesse processo; líderes, pastores ou um profissional. Muitos casais acham que se sair da cama para fazer amor está errado ou até mesmo estarão em pecado por causa disso. Na verdade, esses sentimentos de acusação e que bloqueiam uma vida de plenitude sexual, estão ligados ao modo de criação, ou algum trauma sofrido tempos atrás por seus pais ou por eles mesmos. Então, como destravar seu desejo? Para vencer os bloqueios e os traumas, será necessário paciência, tempo, compreensão e, acima de tudo, muito amor. Com amor, damos condições para que o restante necessário se manifeste sem dificuldade.

Primeiro, é preciso entender a forma de criação do seu cônjuge, o sistema de crença que foi inserido em sua vida. Nada que tenha sido inserido desde o nascimento é mudado do dia para a noite. É preciso compreender como e por que foram passados esses sentimentos e a forma de agir e se comportar. Com a maturidade, compreendemos como fomos criados e como realmente são as coisas.

Segundo, quando o caso for um passado traumático, é necessário lidar com a situação por meio de conversas, liberação de perdão e ter a ajuda de líderes, pessoas de confiança ou até mesmo de um profissional na área, para destravar o bloqueio ou o trauma que foi causado e entender como e por que aconteceu e a forma de superá-lo.

Terceiro, às vezes o bloqueio se refere apenas a vergonha, timidez ou falta de hábito em mudar situações que podem trazer melhorias para o relacionamento e desejar desarrumar a cama sem travas e com liberdade. Nesses casos, entendo que uma boa conversa, um pouco de atitude e muita constância podem resolver a situação.

Conhecemos um casal que se amava, se relacionava bem, porém tinha muita dificuldade em desarrumar a cama. Ela sentia muitas dores no momento da relação sexual, dores fortes que até mesmo impediam a penetração. Então, eles procuraram ajuda dos seus pastores para saber se havia sido algum trauma do passado que trazia essa dificuldade e eles não estavam percebendo. Depois de um período de encontros e orações, eles foram aconselhados a procurar um médico e a surpresa foi que o canal da vagina da mulher estava obstruído e era necessária uma cirurgia corretora. Daí a necessidade de procurar ajuda quando as coisas não estão fluindo como o esperado.

Quarto, há casos de trauma nos quais os filhos testemunharam alguma cena de sexo de seus pais e isso causou um dano emocional que arremeteu no casamento. Portanto, é importante analisar e investigar toda e qualquer situação que possa estar causando essa trava no relacionamento sexual, não desconsiderando qualquer condição.

EXERCENDO A CONSTÂNCIA E A CONFIANÇA

A constância parece algo fácil, mas na verdade não é. São mesmo necessários exercícios a fim de mantê-la em qualquer situação ou momento da vida. Uma forma de exercitar a constância é reproduzir um protocolo. "Mas como seria isso?", você pode estar perguntando. Em um dia comum de trabalho, seja ele em casa ou na rua, há uma série de compromissos e obrigações a serem cumpridos. Nem sempre estamos animados ou dispostos a cumprir tudo o que é preciso, mas mesmo assim acordamos no horário necessário, nos alimentamos e nos dirigimos a lugares para desenvolver todos os compromissos e obrigações daquele dia. Isso é cumprir um protocolo. Como assim? Vou tratar minha vida sexual como um protocolo, uma obrigação? Claro que não. E sim ao mesmo tempo. Para desenvolver a constância no relacionamento sexual, você vai tratá-lo como um compromisso inadiável e que precisa ser cumprido nos dias determinados, independentemente de qualquer situação, salvo alguns imprevistos que podem impossibilitar o ato, mas que não podem ser uma desculpa para se esquivar dele. Você falta no trabalho, na reunião da escola de seus filhos, nos compromissos assumidos por você por qualquer situação, imprevistos ou dor de cabeça? Então, por que o sexo tem que ser adiado por qualquer motivo? Talvez esteja estranhando tratar esse assunto como uma obrigação, mas, quando há dificuldade de se priorizar o sexo, é necessário exercitar a constância por meio do cumprimento de um protocolo, para que se torne algo corriqueiro, e não esporádico, que se deseje fazer até mesmo todos os dias. Em nosso livro *Agenda, sexo e chocolate*, abordamos esse assunto com riqueza de detalhes.

À medida que a constância vai sendo adquirida, a confiança vem acompanhada de um relacionamento mais intenso e maduro. A boa conversa mencionada no capítulo anterior, para a qual é necessário ter o tempo certo, o momento adequado e até um tom de falar apropriado, será muito importante para a produtividade e os bons resultados. Sem diálogo, não há como saber o que está no coração do seu cônjuge, o que ele pensa e quais são seus sentimentos. A atitude também deve ser exercitada, visto que o nosso primeiro inimigo somos nós mesmos. Sabotamos os nossos sentimentos e nossas atitudes com facilidade. Palavras apenas não definem situações, é necessário agir, ter atitudes com relação àquilo que falamos.

Devemos entender que o amor faz com que haja renúncia e, com isso, as atitudes que devemos ter são diferentes daquelas que desejamos. Na renúncia, o mais importante não é mais a primeira pessoa (eu), mas a terceira pessoa (cônjuge). Depois que a forma de pensar é transformada, a constância é estabelecida, a confiança é adquirida, e o que sobressai é um amor que está pronto a renunciar, como fez Jesus ao dar sua vida pela Igreja.

> *A pessoa que procura os seus próprios interesses nunca terá a vida verdadeira; mas quem esquece a si mesmo terá a vida verdadeira.* (Lucas 17:33. NTLH)

ALGUMAS ATITUDES PARA DESTRAVAR O SEXO

Primeiro, entenda o que causa o bloqueio, qual é a raiz desse sentimento de repulsa e desinteresse. Tente descobrir o verdadeiro motivo: mágoas, traumas, sistema de crença, algum problema genético. Procure pessoas preparadas e de confiança para ajudar a descobrir os motivos que levam a esses sentimentos e atitudes.

Segundo, o diálogo é fundamental em qualquer relacionamento: entre pais e filhos, filhos e pais, namorados e cônjuges. É necessário conversar com o seu cônjuge sobre os seus sentimentos e também muito importante que você dê ouvidos, atenção e importância ao que vai ouvir em seguida também. Esteja preparado para os elogios, mas também para as críticas, que devem ser para transformação. Com elas, o cônjuge pode ser analisado de fora e perceber coisas que ainda não haviam sido notadas sobre o seu comportamento, o que não deve virar uma lista de ofensas, desmotivação e acusações. Pergunte como seu cônjuge gostaria de ser tratado no momento do sexo, do que ele gosta, as posições, os lugares do ambiente, o perfume, a depilação, o melhor horário do dia para se relacionarem, as palavras que gosta de ouvir, os carinhos que gosta de receber nesse momento tão exclusivo e extraordinário. Tenho certeza de que vocês vão se descobrir em muitas coisas, mesmo estando juntos há muito tempo. A conversa é fundamental e com ela o momento certo, o tom de voz, a delicadeza em tratar alguns assuntos que para o outro são mais difíceis de resolver, às vezes, por conta da vergonha, da timidez, da criação, de traumas, de alguma deformidade genética, enfim, é necessário um pouco de sensibilidade para perceber e conhecer melhor o seu cônjuge.

Terceiro, a vida diária é muito corrida para a humanidade, há muitas atividades a serem cumpridas durante o dia que, muitas vezes, se torna curto em vista da quantidade de coisas que há para realizar. Estamos vivendo na era da tecnologia, onde as pessoas se tornaram dependentes de um aparelho que cabe no bolso. E, com essa correria, poucos momentos de lazer que, às vezes, são gastos nas redes sociais, mulheres que tem dupla jornada de trabalho chegam do serviço e precisam ser donas de casa, mães e esposas, e mesmo aquelas que não trabalham fora, mas tem uma jornada integral onde os afazeres nunca acabam, pois a atenção é sempre muito solicitada. Nesta vida frenética, como fica o relacionamento sexual que necessita de força e disposição para desempenhá-lo? É extremamente importante e essencial que haja uma constância na vida sexual do casal, não pode ou pelo menos não haver ter espaço de muitos dias entre as relações sexuais, isso não é saudável para o relacionamento e pode dar oportunidades a um relacionamento "free", um "flerte" ou até mesmo um adultério. Eu e meu marido costumamos dizer que ninguém escolhe um dia para o adultério, ele vem de acordo com as situações e as oportunidades. Um dia sem sexo, e no dia seguinte você se depara com um corpo atlético na rua (lembrando que o homem é atraído pelos olhos); um dia sem palavras de carinho e, no dia seguinte, uma pessoa do sexo oposto a faz um elogio (a mulher é totalmente emoção); um dia sem gentileza e no dia seguinte aparece alguém (lógico que também do sexo oposto) oferece uma comida ou objeto de sua preferência. É assim que as oportunidades vão surgindo. Ninguém acorda pela manhã e diz: hoje eu vou adulterar ou ter um relacionamento não muito sério, mas que acaba ficando muitas vezes, não; o casal vai dando ao cônjuge as alternativas para que isso aconteça. Você pode dizer: eu jamais faria isso, meu caráter não me permite. Mas o diabo não tem pressa para lançar a sua semente do mal, ele vai analisando a qualidade do seu relacionamento, a sua rotina e basta um dia de distração e pronto, ele te apresenta o "seu agente". Não subestime as intenções de Satanás. Esteja de prontidão todos os dias vigiando, criando uma constância no seu relacionamento sexual. Como já foi orientado, comece seguindo um protocolo até que se torne uma rotina se relacionar. Cuide e trate do seu relacionamento todos os dias em todos os momentos. "Eu cuido dela e sempre a rego; eu a vigio de dia e de noite para que ninguém a estrague" (Isaías 27:3. NTLH). O profeta fala nesse texto sobre a plantação de uvas, mas também pode estar se referindo ao relacionamento conjugal. Cuidar com sensibilidade das necessidades do cônjuge, regar procurando suprir essas necessidades e vigiar o tempo todo, para que não se estrague nem se deteriore.

Tornando as relações sexuais mais marcantes - Tarefa evolutiva para o casal

1. Você se acha uma pessoa travada na vida sexual? Liste o que você sente que possa ser a causa disso.
2. O que é o sexo no casamento para você?
3. Qual de vocês é o mais "quente" na cama?
4. Quando na semana vocês conseguem se relacionar mais vezes e por que a constância não é mantida depois?
5. Há algum impedimento físico para se relacionarem sexualmente? Já procuraram um médico?
6. Como você gostaria de ser tratada para ser destravada a sua atitude em relação ao sexo?
7. Há alguma atitude que seu cônjuge poderia tomar para destravar o sexo além do diálogo?
8. Existe algo espiritual que precisa ser tratado?
9. Há algo no sexo que você acha nojento e isso causa repulsa e trava na hora?

5 - Homem, governe os seus desejos sexuais (Ricardo)

A renúncia é uma decisão difícil para o homem. Abdicar das práticas antigas e, principalmente, daquelas que são diretamente ligadas à área sexual, não é tarefa fácil. Seu impulso sexual é naturalmente inerente ao seu ser. Não é simples desligar e ligar uma emoção racionalmente. Ainda mais quando se está ligado! São sentimentos que vêm com força e movem nossos pensamentos porque produzem um tipo de prazer imediato. Esses impulsos também levam nossos olhos aonde eles podem alimentar ainda mais essa chama. O homem é visual, ele olha e acende. Isso não é uma maldição, é uma dádiva de Deus! Assim como em todo grande poder há uma grande responsabilidade, esse poder de acender só com um pensamento ou um olhar nos dá status de viris! Eu gosto disso, minha esposa me elogia pela minha virilidade, eu sou homem, Deus me fez assim! Não preciso matar meus impulsos sexuais ou renunciar a eles. O que devo fazer é controlá-los e canalizá-los para cumprirem seus desígnios. Deus planejou os seguintes propósitos para meus impulsos sexuais: tornar-nos uma só carne, eu e minha esposa. Pessoalmente, desfrutar do sexo como fonte de prazer carnal. Satisfazer as necessidades emocionais e sexuais apenas da minha esposa. Desenvolver minha masculinidade, paternidade, maturidade junto ao meu cônjuge e manter o casamento no seu centro e propósito. Gerar prole. Viver uma intimidade que me ensine sobre Cristo e a Igreja, e muito mais. Se usar adequadamente meus impulsos sexuais, eu serei feliz, e o principal: farei de minha esposa uma pessoa feliz e realizada nessa área. Meus desejos devem ser somente para minha esposa. Pode parecer que se está jogando grande fardo sobre ela, mas isso já foi pensado por Deus. Se afirmarmos que o homem possui maior impulso sexual que a mulher, e que por isso ela não vai dar conta do recado, estamos na verdade chamando Deus de imperfeito. Os dois são diferentes e se completam. A mulher também tem impulso sexual, nem mais nem menos, apenas de modo diferente do homem. Seu desejo não é despertado da mesma maneira que o nosso. O desejo da mulher aflora em resposta ao tratamento que recebe do seu marido mediante seu tratamento, sua voz, seu toque, seu comportamento diante do relacionamento sexual. Geralmente, a mulher não fica estimulada com um marido rude e apressado e que já quer ir direto para a penetração. A mulher precisa ligar o motor. Erra o marido quando sua primeira abordagem é pedir que sua esposa lhe faça sexo oral sem antes fazer uma boa preliminar e garantir que o motor da esposa esteja quente. O impulso sexual da mulher vem à tona e é perfeitamente capaz de acolher e retribuir toda força vulcânica que há no impulso sexual do seu marido. É como se diz: a tampa e a panela.

O que nos resta como maridos é cultivar o dom da sensibilidade que ouvimos tanto que as mulheres têm. O homem não é destituído dessa qualidade, esse atributo é mais evidente nas pessoas com uma personalidade melancólica ou fleumática. O colérico e o sanguíneo também têm sua parcela de sensibilidade. Há homens extremamente sensíveis, que escondem suas emoções e evitam demonstrar que algo os incomodou a ponto de trazer uma pequena tristeza ou mágoa. Devido à reputação masculina, o homem se sente obrigado a demonstrar dureza e virilidade. Da mesma forma há mulheres insensíveis que são verdadeiras torres de gelo. Contudo, ninguém é sempre assim o tempo todo. Ambos os sexos têm em si um pouco do outro. A firmeza e o vigor são atribuições dadas aos homens, já a sensibilidade e a doçura, às mulheres; o inverso também acontece. Vemos na prática que essas características são partes da personalidade. Se forem dominadas também tornam-se elementos da postura adotada por decisão. O marido pode ser doce e sensível e sua esposa, firme e vigorosa. Caso você seja alguém de pavio curto e de pouca sensibilidade, poderá, por meio de tarefas evolutivas e determinação, alcançar uma vantajosa posição de sensibilidade. O oposto também é possível obter. Não é do dia para a noite que conseguimos vencer manias e abandonar as velhas desculpas. Há um caminho longo de dedicação até largar o costume de permitir que a nossa vontade pessoal libere uma personalidade arrogante ou melindrosa. O cônjuge que usa dessas ferramentas com o objetivo de manipular até conseguir o que deseja precisa corrigir isso. Dificilmente, um casal, sem ajuda, abandona essas muletas. Isso já foi usado tanto no relacionamento que se tornou uma forma de lidar com as coisas do dia a dia. Eu aconselho o casal a procurar um conselheiro, um casal de pastores ou um psicólogo.

Você, marido, precisa desenvolver sua sensibilidade imediatamente, por força, a fim de evitar situações em que você possa agir como uma pessoa insensível e egoísta, que só quer ser satisfeita. Quero que você saiba que impulso sexual é diferente de energia sexual. O impulso está ligado ao desejo que é despertado por um pensamento, lembrança, imagem, som ou situação. Já a energia é a força que tenho para fazer sexo. O impulso sexual pode vir com muita intensidade quando estou num período sem sexo. É natural o homem ser estimulado com uma lembrança ou por uma imagem. O sentimento de excitação não é errado, ele é bom! Se o estímulo veio de outra mulher que não seja sua esposa, então, essa fonte de excitação é ilícita. O pecado está em aceitar esse sentimento, e não no sentimento em si. Percebe a grandeza da sexualidade que Deus pôs em você? O diabo faz uma perversa mistura dessas informações e isso traz dúvidas e confunde nossos pensamentos. É inevitável alguns casais viverem a inquietação de que há algo sujo no sexo que fazem. Às vezes, eles não sabem dizer exatamente o que é, mas há relação com aquelas perguntas do que se pode ou não fazer na cama. Geralmente, o casal que não resolveu esses grilos desiste de desenvolver suas habilidades e características: a de amar e ser amado, de aceitar e ser aceito e de desbravar e ser desbravado sexualmente. O marido e sua esposa precisam juntos escolher o raso ou o profundo, a vida sexual abundante ou a mediana, a realização ou a frustração. Eu gosto do diálogo franco, e você? Então, pergunte a sua esposa se ela é sexualmente realizada e peça a ela que lhe faça a mesma pergunta... Porém, não responda fazendo cobranças! Lembre-se do que falei: o problema sexual é de ambos, e não apenas de um, mesmo que um dos cônjuges assuma ser responsável por alguma deficiência, desajuste, negligência ou indiferença no relacionamento sexual. A orientação deste capítulo é levar o marido e a esposa a conquistar um relacionamento pleno com sensibilidade e renúncia, em vez do velho, comum e ineficaz método da cobrança. A cobrança, a manipulação ou a ameaça são na verdade um tiro no pé. Nunca resistem ao tempo, pois não são meios de conquistas, mas de imposições. O casamento é mútua doação, e não sequestro.

COMO CONTROLAR OS DESEJOS

Você já sabe que desejo descontrolado pode pôr fim a um momento bom com sua esposa. Tenho certeza de que você e sua esposa já se desentenderam porque um quis sexo e o outro não. Vocês não devem ver isso como algo normal e corriqueiro. Não se acostumem a essas brigas e desentendimentos, que levam o marido a dormir frustrado e a esposa a sentir culpa. A abordagem do marido precisa de uma reciclagem, mas antes aprenda a controlar seus desejos. Não há botões de controles dos desejos em nós, por isso necessitamos criar padrões e protocolos com atitudes contínuas que administram e promovem uma distribuição da energia sexual acumulada. Resumindo, não deixe acumular, senão você espana! O descontrole vem devido ao acúmulo de energia, semelhante a uma panela de pressão que recebe calor do fogo do impulso sexual – se a válvula não alivia essa pressão, a panela estoura! Então, coloque sua válvula para equilibrar essa energia acumulada. Não vou dizer para você fazer uma atividade física ou ocupar sua mente com outras coisas. Isso é para quem ainda não se casou. O casamento tem obrigações e também direitos. As obrigações não precisam ser cobradas com ameaças ou chantagens. E os direitos também não devem ser tomados pela força da impulsividade. Sua esposa não é sua escrava sexual. A Bíblia diz em 1 Coríntios 7:4. NBV: "Pois uma moça que se casa não tem mais todo o direito sobre o seu próprio corpo, porque o marido tem também seus direitos sobre ele. E, do mesmo modo, o marido não tem mais todo o direito sobre o próprio corpo, pois ele pertence também à sua esposa". Isso é muito claro.

Entretanto, isso não funciona ao pé da letra. Ter direitos sobre o corpo da esposa não significa mandar no seu emocional. O marido não vai conseguir que a esposa fique excitada porque ele está mandando, ou que seja obrigação dela fazer sexo a todo momento. A esposa tem que ter a opção de dizer que não está a fim ou que prefere deixar para outra hora. O desejo descontrolado faz o marido ter atitudes de imposição e de profundo egoísmo, e isso precisa ser resolvido para que seja interrompida essa mutilação do casamento. A panela de pressão é uma das causas. Não deixe acumular, e o primeiro protocolo para isso é: aconteça o que acontecer, não fale desaforos para sua esposa, mostre-se compreensivo, pois o constrangimento é uma ferramenta bíblica. O amor constrange. Compreenda a limitação momentânea da sua esposa de responder ao seu convite para o sexo. Nunca deixe de conversar depois calmamente sobre a negativa dela em corresponder. Sua tolerância em relação a esse intervalo entre as vezes que há sexo serve como uma base. Conheço maridos que não se importam com um intervalo de três dias, outros já ficam inquietos e ríspidos com esse prazo. Conhecer a própria tolerância é importante para manter-se equilibrado sem manifestar descontrole. Eu não gosto do argumento religioso que o homem que está cheio do Espírito Santo fica sem sexo. Não somos seres 100% espirituais, ainda estamos presos a este corpo corruptível, como afirma o apóstolo Paulo. Não devemos subestimar o poder da nossa natureza carnal.

Uma das causas do descontrole é a panela de pressão, a outra é o tipo de combustível que alimenta o fogo. A outra causa do descontrole dos seus desejos é sua história sexual. Sua criação sexual afetará diretamente isso. No meu caso, foi na minha adolescência. Meu primeiro contato com a realidade do sexo foi com revistas e literatura pornográfica na fase dos 11 anos. Não houve comigo tanto contato com esse tipo de literatura ou imagens. Existia material, mas não com a facilidade de acesso que se tem hoje. A internet pode conectar você a todo tipo de material pornográfico. Quando, em algum período da vida, o homem entra em contato com esse material, aprende sobre sexo de uma maneira inadequada, que não serve para orientar. Isso marca sua vida para sempre. Ocorre que a mulher na pornografia sempre é apresentada como objeto sexual. Seu corpo está sempre disponível para o uso do homem. Ela nunca está com dor de cabeça, nunca está cansada ou triste, topa qualquer comando do homem, passivamente executa qualquer posição sexual. Ela sempre está enérgica nos movimentos, com um largo repertório de lingerie, gemidos e aparência bem cuidada. O que se aprende com isso? Aprende-se que em todas as vezes que o desejo bater à porta é hora de fazer sexo. Essa lição mandará comandos aos seus desejos por toda a sua vida. É uma marca indelével na alma, porque foi acompanhada de extrema emoção. Dificilmente você esquecerá uma imagem que o marcou em seus primeiros contatos reais e conscientes com sua sexualidade. Livre-se do conceito de que sua esposa deve estar sempre pronta. Se você não impedir que esse comando deixe de exigir que seus desejos sejam satisfeitos, você vai sempre fracassar em controlar o que é anormal. Anormal é todo desejo que lhe traz dano. Se o seu casamento sofre com seus desejos, então pode considerar anormal. Quem vai dizer o que é normal e anormal, a fim de que você reconheça isso? Creio que isso só seja possível num ambiente de confiança e de sinceridade promovido por um diálogo sem acusação ou manipulação. Se vocês têm dificuldades nisso, façam o que orientei: chamem um conselheiro experiente e de confiança. Sua história sexual pode ter deixado você apático ou ávido por sexo.

GOVERNANDO SEUS DESEJOS

Agora que você já sabe como controlar seus desejos, você também precisa governá-los. Depois que você descobriu que o impulso sexual vem da sua natureza e que ele é despertado por um gatilho, que pode ser uma imagem na lembrança ou o que você está avistando no presente, o acúmulo de energia sexual por intervalos consideráveis deve ser direcionado à pessoa certa, que é sua esposa, o seu único amor. Separe seus desejos em etapas, como tarefas de uma construção. Antes do telhado são colocadas as vigas e os caibros de madeira. Antes da laje são feitas as colunas apoiadas nos alicerces. O porcelanato assentado, após o contrapiso. De modo semelhante em uma casa, o casamento desenvolve-se por etapas, e ele só se mantém com constantes reparos, acertos e partes acrescentadas. Se o seu desejo sexual for motivado por uma mulher estranha, não leve essa fantasia para a cama e para sua esposa. Agora é hora de ser macho, homem de verdade e apagar o fogo que esquentou mais ainda sua panela de pressão. Pode acontecer de esse gatilho acordar um impulso e aumentar sua energia sexual, porém não será jamais um desejo realizado. Vou falar sobre isso detalhadamente em outro capítulo. Governar seus desejos é dizer a você mesmo como será satisfeito cada desejo sexual com sua esposa de forma sadia e construtiva. Não deixe sem planejar com ela a realização dos desejos sexuais de vocês, evitem que essa área tão importante seja conduzida pelo improviso. Imagine uma banda que só se encontra para tocar no palco. Eles podem até ser extraordinários músicos, mas sem uma combinação do que podem fazer de diferente das últimas vinte vezes que tocaram juntos, se sentirão enfadados pelas mesmas músicas. O casal faz uma espécie de música, mas se sempre tocar o "papai e mamãe", o prazer fica confinado e limitado. Se vocês abrirem diálogo sobre as expectativas do encontro, dos aspectos práticos das fantasias e de tudo o que envolve seus desejos guardados, o ganho se estenderá para além dos limites da cama. A saúde melhora, pois diminui a pressão, alivia o estresse, as preocupações perdem espaço para as lembranças positivas do casamento. Não há prejuízo de o homem controlar e governar seus desejos. Em vez de impor suas vontades, ele conquista confiança e admiração. No lugar de culpar a esposa por sua frustração, ele a constrange com compreensão, e por isso recebe voluntariamente um prêmio almejado. O que parecia impossível vem à mão na maioria das vezes que se quer. O oposto também acontece: a aparente indiferença da esposa em relação ao sexo se transformará em interesse por saber como está a pressão sexual do marido. Ela, por vontade própria, vai perguntar: "Você tem algum desejo para realizar?". Porém, para se chegar a isso, controle e governe seus desejos. Não vá com toda força para cima de sua esposa como um abutre quando vê um pedaço de carniça. A mulher precisa ligar o motor e esquentar, cada marcha na velocidade correspondente. Governe seus desejos para não sufocar e rebaixar sua esposa fazendo dela um objeto sexual como o que é ensinado em grande parte da pornografia. Com o tempo, ela se sentirá segura e se libertará sexualmente, confiando que você a estará conduzindo para um lugar de valor. Assim, não haverá dúvidas de que os desejos do marido são puros e não vão trazer dano algum, ao contrário, esses desejos se tornarão inspiração para ela realizar seus próprios desejos.

Tornando as relações sexuais mais marcantes - Tarefa evolutiva para o casal

1. Há alguma reclamação do seu cônjuge sobre você ser muito impulsivo sexualmente, de querer sexo a toda hora?
2. De qual comportamento, especificamente, o seu cônjuge mais reclama com o qual se sente sufocado?
3. Você se impõe sobre o seu cônjuge para satisfazê-lo sexualmente?
4. Seu cônjuge reclama da sua insistência ou abordagem para o sexo?
5. Você acha que pode despertar o desejo sexual da sua esposa por meio da sua sensibilidade?
6. A educação sexual que você teve o influencia a exigir direitos sobre o corpo de sua esposa?
7. Você acha que em todas as vezes que você tem o desejo de fazer sexo, sua esposa tem a obrigação de atendê-lo?
8. Como você pode, segundo a sugestão deste capítulo, satisfazer aos seus desejos de forma sadia e construtiva?
9. Comente com o seu cônjuge as alternativas para ela se atentar mais para seus sentimentos e necessidades sexuais.

6 - Amor com sexo e sexo com amor (Dayse)

O amor é a junção de dois corações e o sexo, a junção de dois corpos. Seria bom que eles pudessem sempre estar juntos em um relacionamento conjugal, pois essa é a combinação perfeita de um casamento ajustado. O sexo é a mais perfeita ligação do homem com a mulher, é quando as almas se unem da maneira mais profunda, criando um vínculo espiritual e psicológico entre duas pessoas. O sexo faz de duas pessoas uma só. Não há vergonha, não há qualquer diferença entre duas pessoas no momento do ato sexual. Em Gênesis 2:25 NTLH, lemos a esse respeito: "Tanto o homem como a sua mulher estavam nus, mas não sentiam vergonha". Havia uma simplicidade dada por Deus, Ele queria unir as almas dentro de um relacionamento íntimo e que durasse para sempre. No versículo anterior podemos notar esse propósito que Deus determinou ao casal. "É por isso que o homem deixa o seu pai e a sua mãe para se unir com a sua mulher, e os dois se tornam uma só pessoa" (Gênesis 2:24. NTLH). Uma só pessoa é assim que se torna a alma no relacionamento sexual, um só propósito, um só desejo, uma só necessidade, um só amor. É a junção de dois corpos e duas almas. Nada une um casal tão intensamente como a relação sexual. Com base nessa junção, o casal tem mais força e direção nos objetivos e projetos de uma vida a dois.

Entendemos que a natureza sexual do homem e da mulher é diferente, por isso, às vezes, leva um tempo para o ajuste nessa área. É necessário descobrir e aceitar essas diferenças por meio do diálogo, para que se tenha uma vida sexual plena, pois esse é o propósito de Deus para a vida do casal. Ainda que haja o impulso biológico, homem e mulher reagem de modo diferente aos seus instintos. O desejo da mulher está conectado às emoções, pois ela precisa se sentir amada e que as coisas estejam bem para que o desejo de se relacionar aumente. Lógico que há algumas exceções de mulheres que não se importam com o que esteja acontecendo para sentir desejo de se relacionar sexualmente com seus maridos. O homem normalmente mantém o desejo sexual, mesmo quando o relacionamento não está tão bom. Alguns até mesmo entendem que o sexo serve para "resolver" as coisas, mas na normalidade são as necessidades biológicas que o fazem buscar o ato sexual em qualquer situação.

O AMOR E AS DIFERENÇAS PRECISAM DE TEMPO

Essa diferença de experimentar o ato sexual entre o casal pode trazer muitos desentendimentos no decorrer da convivência a dois. O homem tem um acúmulo de fluído seminal que gera a necessidade do alívio, enquanto a mulher tem o relógio biológico influenciado pela TPM, muitas vezes pela menopausa, e a sua necessidade fisiológica costuma ser orientada pelas emoções e a qualidade do seu relacionamento. É necessário trabalhar nestas diferenças com amor, compreensão e tempo nesta natureza do desejo sexual entre o homem e a mulher. Essa percepção e conhecimento são adquiridos com o tempo, à medida que o casal vai conhecendo a natureza biológica e a necessidade fisiológica de cada um. Outra diferença que nos deparamos, é que o marido é atraído pela visão, por aquilo que ele considera atraente e estimulante sexualmente, à medida que a mulher, que movida pela emoção, encontra estímulos no toque, nas palavras agradáveis e na maneira como é tratada. Devemos entender que foi Deus quem criou o homem e a mulher dessa maneira. Assim, o sexo não seria apenas uma forma de reprodução, mas uma maneira de o amor ser demonstrado com interesse em um dar prazer ao outro. Há uma necessidade de se conhecerem, estarem ligados, conectados, afinados, antenados, aliançados e, como resposta a tudo isso, o sexo com amor. Dessa maneira, há a condição da satisfação de ambos e é essa plena satisfação que Deus preparou para cada um de seus filhos que desejam e buscam por essa plenitude na área sexual em seu casamento.

DE QUE FORMA POSSO PROPORCIONAR PRAZER?

Quando existe a disposição de proporcionar prazer ao seu cônjuge, tenha certeza de que ao semear, certamente você colherá com fartura. Quando a sua preocupação é única e exclusivamente agradar ao seu cônjuge, notoriamente haverá uma resposta para essa atitude, que pode ser rápida ou não, dependendo da sua paciência em respeitar o tempo necessário que o seu amor precisa para reagir. Além da disposição, é preciso coragem para as respostas que você terá ao perguntar que tipo de coisas você poderia fazer ou dizer a forma mais eficiente de comunicar e expressar o seu amor, ou como poderia fazer para suprir a necessidade da sua esposa se sentir amada. O marido pode perguntar para a esposa como ela gosta das carícias, dos toques e palavras ditas ao seu ouvido no momento do sexo. Como ela gostaria de ser estimulada para chegar ao orgasmo, como você poderia atraí-la, com um perfume, uma roupa íntima, onde e quais carícias ela sente mais prazer. O marido é desafiado a amar a esposa como Cristo amou a Igreja (Efésios 5:25), Ele amou antes que a Igreja o amasse, Ele teve a iniciativa de amar mesmo quando a Igreja o rejeitou, mas Ele amou sem hesitação, até o fim. Esse é o modelo de amor que Deus deixou para ser seguido. As palavras e principalmente atitudes despertam o amor e a paixão da esposa, e entendemos que Cristo tomou a iniciativa de amar incondicionalmente, Ele não disse para nós obedecermos as suas leis e então nos amaria até a morte, o modelo é claro. O marido precisa tocar o coração da esposa, o sexo sem amor para a mulher é violento e frustrante e ela se torna um iceberg na cama quando falta algo em sua vida. As palavras e atitudes são essenciais para trazerem prazer para a esposa. Até que ponto suas atitudes correspondem às suas palavras? A sua preocupação tem sido em agradar e satisfazer a sua esposa ou suprir suas próprias necessidades, inclusive a sexual? Será que suas ações refletem o seu amor? Jesus, quando se entregou à morte de cruz, estava dizendo que nada, nem a própria vida, era mais importante que a Igreja. Por isso, é importante que algumas dessas perguntas sejam feitas para a esposa. Mas esteja pronto para tratar e humilde para entender que na resposta dela há verdades a seu respeito que talvez você não esteja vendo e que não será nada agradável aceitá-las. De que adiantaria levá-la para almoçar fora para saborear o prato preferido dela, dar a ela um presente muito desejado e, com expectativa, esperar uma noite de amor louca, se tantas coisas de menor valor e fáceis de serem realizadas você não dá importância? Como assim? Sabe aquela torneira que está pingando, o lixo que precisa ser colocado na rua, a mamadeira do bebê que precisa ser preparada naquele momento frenético do dia, a louça que ficou na pia que na correria ela não conseguiu lavar, aquela olhadinha na criança enquanto ela vai tomar um café com a amiga, poderia passar o dia enumerando pequenas atitudes que facilmente poderiam ser realizadas, transformando-as em palavras de amor e que modificariam sua noite de sexo com amor. Jesus servia à Igreja, sirva sua esposa. Obras de amor incitam sentimentos de amor. A semeadura mais certa de colheitas. A maneira como o casal se relaciona durante o dia determina como será a sua noite. O sexo com amor favorece a uma vida de plenitude. Como você pode começar a proporcionar prazer a sua esposa? Comece pedindo a Deus que te capacite a ter a mesma atitude de Cristo, amando a sua esposa incondicionalmente.

Quais são as formas de alcançar o coração de sua esposa? Existem várias formas de linguagem do amor que podem ser desempenhadas naturalmente todos os dias. Como já mencionamos, a mulher é emoção, coração, e quando estas coisas são transformadas em atitudes sinceras e verdadeiras, é certeza de que essa questão será conquistada com sucesso. Talvez você não saiba por onde começar, quais ferramentas usar para poder conquistar o coração de sua esposa e levá-la para a cama para ser desarrumada. Comece pela linguagem do amor, os métodos que são usados na medida da necessidade de cada pessoa. Há pessoas que gostam de ser ouvidas, é uma forma de se sentirem amadas, já outras precisam do toque para se sentirem acalentadas. Outras precisam que o tanque de sua autoestima seja preenchido todos os dias. Por isso, mencionarei algumas delas:

Tanque cheio: A maioria de nós precisa ser incentivado em projetos e alvos que desejamos alcançar. Algumas pessoas não receberam isso de seus pais na infância, e por toda a vida ficaram com deficiência nessa área, então, é necessário dar um pouco mais de atenção para que esse tanque de autoestima seja completado todos os dias. De que forma? Falando palavras de afirmação, elogios e incentivos de acordo com a necessidade, muitas vezes até convencendo a esposa de suas qualidades e a importância que ela representa no ambiente que ela vive. Como podem ser essas frases: “Gostei do seu cabelo com essa cor ou corte”, “Obrigado por fazer uma refeição tão saborosa", "Você cuida muito bem dos nossos filhos, uma excelente mãe", "Parabéns pela conquista em seu curso, realmente é um mérito seu". Palavras sinceras e verdadeiras que vão tornar o dia dela muito mais fácil.

Mimos: Algo que você sabe que vai agradar a sua esposa. Nem sempre precisa ser algo de valor elevado, mas algo que vai agradar o seu coração e que muitas vezes ela não está esperando por não haver uma data específica para receber mimos. Talvez esse possa ser o tipo de coisa que você não dá importância, mas para ela pode significar atenção, que foi lembrada, resultado de uma noite anterior de amor, um agrado. Você conhece a sua esposa e sabe o que ela gostaria de receber, talvez naquele dia difícil, de decisões, ou até mesmo na TPM, um chocolate vai muito bem.

Serviço: Não é aumentar o que ela já tem para fazer, mas aliviar a sua carga, desafogá-la, prestar serviços que ela vai entender como uma linguagem de amor. Citei um pouco acima algumas coisas que você pode ajudar sua esposa, mas vamos repassar algumas coisas que ela tem necessidade da sua ajuda, mas que muitas vezes passam despercebidas para você, talvez porque não seja importante, ou mesmo que você não goste de fazer, mas lembre-se de que Jesus servia à Igreja: "passar no mercado ou farmácia para comprar algo que ela tenha esquecido", "pegar os filhos na escola para ela não se atrasar na manicure", "levar o lixo na rua", e muitas outras necessidades de ajuda que ela tem. Quando você ignora um pedido de sua esposa, traz tristeza e, às vezes, mágoa em seu coração, não se sentindo amada, e nenhum presente, por mais caro que seja, pode cobrir esse ressentimento.

Tempo: Você já deve ter ouvido que o significado da palavra amor é tempo. Sim, tempo com qualidade é uma expressão de amor. Tempo é estar juntos, mas com interesse, ou seja, você está interessado na vida de sua esposa, no que ela pensa, quais são os seus desejos, o que aconteceu no seu dia, as suas novidades. Tempo com qualidade não se refere apenas a estarem juntos, no cinema, no sofá assistindo um programa desejado pelos dois, mas a importância da atenção que ela está recebendo. Estamos enfrentando alguns conflitos virtuais, as pessoas não conversam e a atenção delas está sempre voltada para o smartphone. Esse aparelho tem roubado a cena de muitas casais e famílias. Não sou contra o uso, claro, é uma necessidade inclusive, porém precisa ter o equilíbrio. Quando saio com meu marido, fico observando os casais à mesa, ou andando pelo shopping, eles não se olham, não trocam palavras, sempre voltados para o aparelho telefônico. Algumas famílias tem percebido o estrago que esta atitude tem feito nos lares e tem tomado outras posições com relação ao tempo que o smartphone leva dos seus queridos. Portanto, dê ouvidos a sua esposa, atenção, interesse, não divida com ninguém o tempo que é dela, esse é o melhor tempo de qualidade. Quando a esposa se sente amada, recebe atenção do marido, ela sentirá prazer em recompensá-lo no amor com sexo.

Contato: Ou toque físico podemos assim dizer. Muitos casais sofrem nessa área porque foram criados sem um contato mais íntimo com os pais. Normalmente, o bebê já recebe toque físico ao nascer, carinhos na cabecinha, dedos na bochecha, beijinhos; mas durante o crescimento, muitos deixam de receber esses carinhos porque “estão grandes”, quando, na verdade, esse relacionamento entre pais e filhos nunca deveria deixar de existir. Até hoje quando sirvo café aos meus filhos, dou-lhes uma “bicoca” nos lábios como prova de satisfação em estar servindo-os e eles estão com 22 e 18 anos. Creio que eles não terão problemas em expressar essa linguagem do amor aos seus cônjuges. Mas quando isso não acontece, há uma grande dificuldade em falar essa linguagem. Muitas mulheres têm essa linguagem do amor e necessitam ser tocadas para se sentirem amadas. Mãos dadas quando estiverem andando ou sentados ao lado, mãos sobre o ombro, mãos nos cabelos (eu amo), beijos quando sai ou chega em casa, são algumas manifestações dessa linguagem que é muito importante para quem se sente amada dessa forma.

Muitos maridos tocam em suas mulheres apenas no momento do sexo, isso faz com que elas se sintam desprezadas e acabam fazendo sexo sem amor. Isso causa um dano emocional quando essa linguagem não é demonstrada com naturalidade durante o dia. Aliás, toda linguagem, quando não é usada devidamente, causa um dano no relacionamento, seja qual for das que relatamos até agora.

COMO IDENTIFICAR A LINGUAGEM DO SEU AMOR

Quando a prioridade for suprir a necessidade emocional do seu cônjuge através da linguagem, como é possível identificá-la? Perceba o que ela mais se queixa para você, normalmente essas queixas trazem irritação, mas é preciso ser sensível para saber se esta é a linguagem do amor de sua esposa. As queixas podem ser um serviço que você não faz, de um tempo juntos que não existe, de carícias além do sexo, de uma palavra de afirmação ou elogio, ou de ser lembrada com um mimo sem ter uma ocasião especial para isso.

A forma como ela expressa seu amor a você e às pessoas também pode ser uma forma de entender a sua linguagem. Se ela gosta de presentear, de fazer elogios ou motivar as pessoas, pode ser essa a declaração de amor por ela. Aquilo que ela solicita com frequência também pode ser a sua necessidade emocional. Se ela pede para caminhar juntos ou ter um final de semana a dois, a necessidade é o tempo com qualidade. Se pedir para você fazer uma massagem ou ajudá-la a fechar o vestido, sua necessidade é o toque físico.

O importante é identificar as formas de linguagem e fazer de acordo com a necessidade dela e não do jeito que você acha que poderia agradá-la. Tenho certeza de que haverá outra disposição no relacionamento do casal e o sexo será sempre com amor. Mas pode acontecer que a necessidade emocional de sua esposa seja difícil para você. Nesse caso é necessária a disposição de exercitar, é o amor incondicional que Jesus teve pela Igreja. Nada do que se disponha a fazer por amor a sua amada vai se tornar impossível, Deus vai te ajudar a amá-la como Cristo amou a Igreja, mas é preciso querer mudar e tentar. Não imponha a sua forma de linguagem, ao invés disso, use a forma de linguagem que ela se sentirá amada por você e então vai perceber a diferença que isso fará no seu casamento. Usar essas formas de linguagem fará com que seu casamento se torne um potencial e um ministério forte para ajudar outros casais, e o sexo será realizado naturalmente por prazer e não por obrigação, e será um sexo com amor.

Tornando as relações sexuais mais marcantes - Tarefa evolutiva para o casal

1. O que torna vocês mais unidos, problemas diversos ou a vida sexual?
2. O sexo uni vocês ou é apenas uma obrigação?
3. Vocês fazem sexo para aliviar a tensão ou fazem para dar prazer um ao outro?
4. Seu cônjuge infligiu algum abuso de ordem física ou sexual? Já trataram isso? Caso a resposta seja negativa, por que não tratar isso agora?
5. Até que ponto você pode proporcionar prazer ao seu cônjuge?
6. Vocês usam o elogio constante como forma de valorizar um ao outro e as coisas que fazem para se agradarem?
7. Quais mimos você lembra que fez e que agradou seu cônjuge? Você faz repetidas vezes?
8. Seu cônjuge fez algum mimo para agradá-lo? Ele faz isso constantemente?
9. Que toque físico o seu cônjuge faz que você mais aprecia, e qual toque físico seu cônjuge gosta que você faça nele?
10. Você supre as necessidades emocionais do seu cônjuge?

7 - O que o marido deve fazer para desarrumar a cama para sua esposa? (Ricardo)

Quem disse que o homem não perde o clima para fazer sexo? Há uma lenda que diz que os homens são seres tão despertos para o sexo que dificilmente um acontecimento ruim, como uma discussão entre o casal, tiraria a vontade de fazer sexo com sua esposa. Eu tenho uma frase que se transformou em algo engraçado: "Nada vai tirar o clima!". Eu sempre digo isso para minha esposa quando qualquer nuvem negra se aproxima querendo tampar o brilho do sol que ilumina a expectativa de que haverá uma festa entre nós. Mas nem sempre é assim, nossa vida não é feita somente de bons momentos. Passamos por situações que nos tiram totalmente a vontade de sexo. Às vezes, o cansaço é tão forte que não conseguimos forças para nos relacionarmos sexualmente. E diz a lenda que o homem sempre está pronto para o amor. Nem sempre! O dia a dia do casal é feito de tantas atividades que todas elas causam um impacto no relacionamento. O trabalho, os filhos, o lazer, a igreja e até o tempo ocioso modificam o relacionamento. Com o passar do tempo, o caminhar do casamento aumenta a intimidade do casal. Toda intimidade é bem-vinda, é bom para o homem, é bom para a mulher. Acontece que esse convívio permite um relaxamento da pressão, o homem não tem mais que impressionar sua esposa, a esposa não precisa manter mais a imagem de princesa do castelo de Pompom. Vocês lembram quando namoravam? O hálito era sempre de enxaguante bucal, chulé nem pensar, talco anticéptico nos pés, unhas cortadas e limpas, barbeado ou a barba bem aparada. Fazer "o dois" (cocô) no banheiro da casa da namorada? Esqueça! Pelo menos deveria ser essa conduta com todo esse cuidado. Se não foi assim, lamento! No entanto, o normal seria essa discrição. Naquele tempo de namoro ambos escondiam o máximo que podiam suas manias pessoais, disfarçavam qualquer cacoete ou capricho irritante. Passando o tempo e aumentando a intimidade, todo esse comportamento peculiar fica evidente. O casal, com muita luta, consegue vencer algumas manias. A dificuldade de conviver com elas é uma motivação para trabalhar com esforço com o objetivo de mudar, para melhor, as atitudes.

Mas nem tudo é possível deixar, principalmente quando essa intimidade também permite a acomodação e a desistência. Um casal conhecido meu de muitos anos passou por essa acomodação, o marido, com o tempo, deixou de tomar banho como devia. Tomava banho com pouco sabonete, usava pouco a bucha e escovar os dentes tornou-se um evento não muito constante. Ele trabalhava com materiais que deixavam resíduos escuros debaixo das unhas e a limpeza também era deficitária. Quando ele era solteiro, no período de namoro era um cara muito cuidadoso com a aparência, muitas calças, múltiplas gravatas, sempre com uma camisa nova e sapatos variados. Com a intimidade se desenvolvendo no casamento ele foi deixando de ser cuidadoso. Sua esposa também acompanhou essa mudança, tudo aconteceu muito rápido. Eu sabia que na sua adolescência ele tinha essa mania de deixar unhas sujas e de não tomar banho com capricho além de pouca limpeza dos dentes. Um dia perguntei para ele por que voltou a ser descuidado com o asseio pessoal como era no namoro. Ele me disse com simplicidade que não precisava mais agir daquela maneira, já tinha casado. Muito triste não é mesmo? As manias venceram aquele casal. Eles não se importavam mais, a intimidade permitiu a eles voltarem aos seus hábitos antigos. Conheci também um casal que já foi em parte diferente deste. No caso anterior os dois decidiram se revelar como eram e a permanecerem assim. Mas o próximo exemplo tem um elemento incomum, a mulher era pouco asseada. A intimidade também permitiu revelar isso. O marido, um homem muito cuidadoso com suas roupas e com a higiene corporal via sua esposa incapaz de vencer a mania de não levar suas roupas depois de usadas para o cesto de roupas sujas. Quando esse casal se conheceu não havia tanta intimidade, ambos se comportavam para impressionar um ao outro. Porém, a intimidade trouxe à tona todas as manias. Essas atitudes chegaram a uma área inesperada, a área sexual. Ouvimos reclamações de esposas sobre seus maridos quererem sexo sem um banho antes, mas é raro queixas de maridos sobre mulheres negligenciando uma ducha antes da cama. Eu falei que era lenda o marido sempre estar pronto para o sexo! Esse não é um caso isolado. Neste casamento a esposa pedia ao marido que ele se aprofundasse nas carícias e usasse a criatividade no momento do sexo. Ele dizia para mim que o odor da vulva da sua esposa o fazia perder todo desejo pelo sexo, ela fazia a higiene uma noite e outras duas não. Acho que minha frase "nada vai tirar o clima" não funcionaria aqui! Sim! Só de imaginar já tirou todo o clima!

Outro casal que aconselhei não tinha o problema da higiene, mas do gênio. O homem reclamava que sua esposa, às vezes, tinha surtos de ciúmes. Ela, em algumas ocasiões, perguntava se ele tinha outra, pois ele ficava semanas sem procurá-la para o sexo. No aconselhamento eu perguntei a ele, e muito desesperado contou que não era outra mulher, mas que não conseguia fazer sexo porque quando eles discutiam por qualquer motivo ela insinuava que ele era mentalmente incapaz de argumentar com ela, então ele se sentia incompetente, ignorante e burro. A personalidade da esposa impedia a realização sexual do casal neste casamento. Uma mania destrutiva, concluir que sempre está com a razão. Isso levou aquele homem a não ter nenhum desejo de fazer sexo. Alguns homens não entendem isso. Não se trata de um marido melindroso que não consegue dialogar, ouvir, reconhecer e corrigir seus defeitos. Mesmo que ele tivesse todos aqueles defeitos, a esposa precisa controlar seu modo de falar as verdades. O modo de falar faz o casamento crescer ou definhar.

A Bíblia fala desse tipo de esposa, Jezabel era seu nome, uma mulher que chamava seu marido de banana e incompetente (1 Reis 21:7). Como desarrumar a cama com uma esposa prepotente, mandona e arrogante? Não tem clima! A mulher vem ganhando espaço por merecimento em nossa sociedade, elas são capazes tanto quanto os homens, não são inferiores, mas diferente e com essa diferença fazem cosias que os homens são limitados. A mulher cristã precisa se controlar e tomar a posição que a Bíblia ordena, não é a de mandar no seu marido, mesmo quando ele não sabe comandar ou realizar. O casamento é uma dança a dois, é diferente. Nem todos têm molejo e ritmo nato, porém, ora o homem pode conduzir os passos, ora a esposa comanda, e assim o marido segue. Sem nunca humilhar ou desistir por causa da inabilidade da dança de um dos cônjuges.

FAZENDO O MARIDO DESARRUMAR A CAMA

O sexo precisa ser desejado, não imposto. O homem e a mulher precisam desejar um ao outro, e se juntarem para compartilhar essas emoções. Se o marido está com pouca libido e a esposa não sabe o que fazer, eu tenho uma sugestão para o casal. A eliminação é um ótimo método para se descobrir o problema e depois escolher a solução. Neste capítulo comentei alguns exemplos que encontrei como causa do homem não desarrumar a cama com a esposa. Não fique apenas orbitando esses exemplos, o relacionamento dos casais é vasto, cada caso, mesmo que semelhante pode ter elementos de extremo contraste. Minha experiência diz que se vocês quiserem resolver qualquer diferença, conseguirão!

COMECEM CONVERSANDO: Escolha um lugar tranquilo para conversar, não faça ameaças com o convite do tipo: "Não aguento mais, ou a gente senta para conversar ou vou tomar uma decisão!". Mude a abordagem, se você convidar seu marido para conversar, procure mudar as frases que você costumeiramente fala. A comunicação com tom rixoso e arrogante, ou melindroso e medroso pode fazer com que ela já se feche para o diálogo. Uma frase diferente pode abrir um caminho para o diálogo, e uma frase com entonação negativa age como freio, ele pode até sentar para conversar, mas teme por ser o mesmo assunto.

NÃO ACUSE SEU MARIDO: Um homem que está com algum tipo de bloqueio se recusará em abrir o coração para uma esposa que tem o hábito de acusá-lo do caos no casamento. Mesmo que o homem esteja falhando, o melhor diálogo é aquele em que os dois estão empatados. Evite dizer: "Eu já tenho me esforçado ao máximo, mas parece que nada tem surtido efeito para você!". Essa frase põe a esposa como a única pessoa que toma atitude. Isso é péssimo para o homem, se ele tem dificuldade de reagir, ou não sabe como, nunca será o bastante para uma esposa que se posiciona como a única que faz algo pelo casamento.

DEIXE-O FALAR: Tem esposa que não para de falar, ela tem a mania de conduzir o diálogo. Pare de fazer isso! Olho no olho e pegue nas mãos do marido e diga para ele falar tudo o que quiser. Se prepare porque pode vir o pus das feridas, elas fedem e são horríveis. Não o interrompa, deixe ele livre para dizer o que quiser, mesmo que fale um pouco e pare, não comece a falar. Ele pode estar vendo até onde você está disposta a ouvir ou principalmente ficar quieta. E se o marido não fala? Conheço casos assim, a esposa chama o marido, ele senta para conversar, mas é um monólogo, ele acena com a cabeça em sinal de concordância, mas nada muda. Realmente muitos maridos são de pouca conversa. Discutir a relação não é algo confortável, então eles procuram ser práticos. E ser prático significa terminar logo com esse momento, então a única coisa a fazer é concordar. A esposa deve fazer uma autoanálise, pois é bem possível ela ser uma esposa falante que enfada seu marido com críticas intermináveis sobre o casamento, das coisas que ele deixa de fazer, do seu modo de falar e até de algum passatempo que ele tem. Uma esposa que controla suas palavras com certeza terá atenção do seu marido.

USE A SÚPLICA: Não é implorar, não é mendigar amor e sexo. Se o seu marido tem barreiras, elas precisam ser quebradas e não elevadas em seu tamanho. A Bíblia diz que o amor é bondoso (1 Coríntios 13:4). Se ele não enxergar bondade em seus olhos esse diálogo vai fracassar. Uma mulher imperativa tende sempre a sufocar o marido com ordens. Isso tira o desejo sexual, o que o marido quer neste momento é aceitação, por isso, espere ele reagir. Diga que você tem desejo sexual por ele. É diferente de dizer que tem desejo por sexo. Ele é o seu objeto de amor. Se ele não acreditar, alguma coisa séria você fez ou vem fazendo que o convenceu disso. O amor não busca seus próprios interesses (1 Coríntios 13:5). Essa é a mensagem que a esposa deve passar, que o resultado do seu interesse é beneficiar ambos. O casamento não é mais importante que o seu marido. Deixa-me explicar melhor essa afirmação: O casamento é entendido como uma instituição, um substantivo masculino, um vínculo voluntário etc. Esses conceitos, quando mal-entendidos, distorcem a exatidão da definição, transformando numa "coisa", num objeto, num ídolo, em um organismo nocivo, tóxico e prejudicial. A mulher que dá ordem ao marido para ele fazer tudo pensando nesse tipo de casamento já o transformou em algo maior que a pessoa do marido. Ele acaba concluindo que precisa ser infeliz para preservar esse organismo. Quando o casamento se torna um objeto ou ídolo acima da pessoa do marido, deixou de ser uma benção. O casamento é uma aliança, ele somente pode ser desfeito com a morte de um dos cônjuges. Isso não significa que: não importa o dano emocional e físico, o casamento deve ser preservado. Valorize seu marido acima do casamento, ele vai te amar por isso. Preste atenção! Não estou afirmando para falar ou sugerir qualquer coisa próxima de separação.

NÃO TENHA PRESSA: Você deve ter percebido que ser firme é diferente de ser apressada ou mandona. Geralmente, o marido quando está desinteressado de sexo é porque sua esposa é bem próxima do que falei até aqui. Qualquer conversa que contenha sua imperatividade fará com que seu marido puxe o freio. "Isso precisa ser feito hoje", "você já falou que ia fazer e não fez nada até agora", "você não tem atitude", "só quero ver" etc. Exclua do seu vocabulário esse tipo de relacionamento. Expressões faciais como: apertar os lábios fazendo covinhas, olhar para cima, balançar a cabeça para os lados ou para cima e para baixo. Evite sinais sonoros da sua afobação como expirar fundo, bufar etc. Quando você faz pressão impondo seu prazo é porque você quer controlar a situação. Isso é um sinal claro para seu marido de que você não quer e não vai mudar suas manias, e que deseja, na verdade, apenas que ele mude. Se você quer consertar isso de verdade, se controle.

QUANDO CONVERSAR É RUIM? Quando você não mudou o que vocês já conversaram. Apenas mude o que ele já pediu para você fazer. Você pode estar desacreditada da sua capacidade de mudar e, o que é pior, do seu interesse verdadeiro em resolver a situação. Eu notei que quando é o marido que rejeita sexo, há uma causa bem específica para isso. Esse perfil é de um homem sensível, detalhista, organizado, que é controlado e calcula antes de tomar decisões. Ele pode se tornar vingativo por causa das experiências ruins com uma esposa mandona e cruel. Na linguagem popular é a famosa "mulher da relação." Isso não é ruim, é a personalidade da pessoa e tem pontos positivos para o casamento, desde que a esposa não seja o "homem da relação". No tipo de relacionamento, denominado de "homem e mulher", já diz tudo: "homem e mulher", cada um desenvolvendo seu papel específico. Resumindo: mude o que vocês já combinaram se você ainda não mudou.

ACERTE NA MOSCA: Se você já sabe o que tem que fazer e não faz, está afastando seu marido cada vez mais. Não sente para perguntar novamente, faça afirmações:

"eu tenho falhado nesta questão", "eu preciso melhorar nisso", "Eu tenho te cobrado, mas eu ainda não fiz a minha parte", "você é muito paciente comigo, obrigada", "gostei do modo como você espera que tudo melhore", "sou privilegiada por ter você" etc. Homem é prático, até mesmo os melancólicos e fleumáticos têm a característica masculina de frases curtas, de querer mais ação ao invés de discutir a relação. O seu marido quer que você fale sem rodeios, não importa que a barreira esteja com ele, o homem responde melhor com verdades sendo reveladas de modo simples. Se ele faz rodeios para tratar desse assunto, ou fica se esquivando, é possível haver mais que apenas uma personalidade frágil. Deve considerar coisas extremas e inapropriadas como a falta da verdade e ser dissimulado etc. Ou, talvez, há coisas na alma que não têm relação com o casamento atual mas sim com outro período da vida. Não faça suposições. Ore, peça discernimento a Deus, consulte um conselheiro.

CONSIDERE SER ALGO IMPENSÁVEL: Até que se prove o contrário, tudo precisa ser esclarecido. É horrível viver com dúvida ou de aparência, o casal precisa enfrentar os problemas com o objetivo de resolvê-los. Esse é o propósito deste livro, chegar a um alvo. Nossa sociedade está passando por um tipo de pandemia, é a da homossexualidade. Um fenômeno novo e que se alastra mundialmente. A institucionalização do pecado da homossexualidade está dando força ao movimento, isso está motivando o homem a desistir de resistir. Este caso é extremo: eu conheço um pastor, o qual tem filho casado e dois filhos.

Ele abandonou o casamento e assumiu ser homossexual. Outro rapaz faltou ao seu próprio casamento. A noiva ficou esperando horas na porta da igreja dentro do carro, mas no outro dia acharam o noivo que justificou sua desistência admitindo ser homossexual. Conheci casos de homens que tinham desejos por homens e apresentavam um comportamento frio com as esposas. Neste caso, não enfrentem essa situação sozinhos, convidem um conselheiro, pois vocês vão precisar de apoio específico. Considere também ser algo físico e que precisa de um clínico em determinada especialidade.

SEJA O SEXO FRÁGIL: Um homem quer ser homem, isto é, dirigir o casamento. Não é mandar, é conduzir a felicidade. A mulher é o mesmo que feminilidade, isso é o que o homem espera, ou seja, que a sua masculinidade cumpra seu propósito. Uma esposa que não espera o homem agir retrai a expectativa do marido. A frustração faz o homem se sentir para baixo, sem valor e inútil. Levante a estima do seu marido e ele vai desarrumar a cama para você e com você.

DESARRUMANDO A CAMA DO SEU JEITO: Ao invés de dizer que não gosta disso ou daquilo, mostre com clareza, dê exemplo prático de como você deseja, repita isso.

A verdade é que a mulher tem o poder nas mãos, tanto que a Bíblia diz que a sábia edifica sua casa (Provérbios 14:1), isto é: constrói padrões, põe cor, faz um monumento. A mulher pode mudar o relacionamento para melhor, mas escolhe ficar apática sendo muitas vezes conduzida por um marido que é apático ou sexualmente simplório.

Fazer seu marido desarrumar a cama não é manipular. Não há nada de errado da esposa tomar a iniciativa, o homem gosta de ver sua virilidade provocar e excitar sua esposa, isso o deixa realizado por se sentir desejado. Contudo, o marido gosta de caçar sua fêmea, de conquistar e despertar seu desejo sexual, e quer se sentir irresistível. O casal que não permite essa abordagem sexual está suprimindo sentimentos que não deveriam ser abafados e renegados. O amor precisa dessa tempestade, caso contrário adoecerá. Aprenda a linguagem sexual do seu marido, ensine a sua para ele, depois criem uma comunicação comum que permita que ambos se satisfaçam com prazeres que foram descobertos e são apreciados juntos e alternados.

Tornando as relações sexuais mais marcantes - Tarefa evolutiva para o casal

1. Você se sente tão viril que nunca falhará na hora do sexo?
2. Qual situação específica tira o clima entre vocês, problemas financeiros, a intromissão de parentes etc.?
3. Qual é a atitude que o seu cônjuge repete e tira o seu desejo sexual?
4. Há algo físico que tira o clima? Um odor, roupa, ambiente etc.?
5. Quem desiste do sexo mais facilmente quando algo atrapalha as preliminares?

6. Vocês escorregam sempre na mesma casca de banana, ou seja, não se antecipam em resolver o que atrapalha o sexo?
7. Converse com seu cônjuge sobre como contornar ou resolver as coisas que repetidamente bloqueiam o desejo sexual.
8. Comentem cada item do tópico "Fazendo o marido desarrumar a cama", vejam se há alguma semelhança com o que vocês enfrentam.
9. Utilizem as ferramentas necessária para consertar as atitudes negativas.
10. Há algo que impede vocês de praticar os itens do tópico "Fazendo o marido desarrumar a cama"?

8 - O que é preciso para a esposa desarrumar a cama para o marido? (Dayse)

No capítulo anterior, vimos que o homem não desiste tão facilmente de desarrumar a cama, porém há alguns casos que o desestimulam de manter a ideia e a expectativa de fazer amor. É necessário entender as diferenças que existem entre pessoas e aprender a lidar com elas sem menosprezá-las. Há diferenças que serão para sempre, mas há manias que podem ser transformadas e é isso que vamos abordar neste capítulo. Como já comentamos em capítulos anteriores, há muitas diferenças entre o casal pela forma de criação de cada um e isso envolve toda uma vida no relacionamento. Existe a dificuldade de exercer a forma de linguagem que a esposa necessita, devido ao modo de educação que o marido recebeu por todos os anos de sua vida; porém, isso não pode ser uma desculpa para não se esforçar e tentar colocar em prática a necessidade emocional da esposa em forma de linguagem. Eu tive uma educação bem severa e com poucas referências de carinho, e quando me casei foi uma dificuldade colocar em prática algo que não vivia desde a infância. Precisei me esforçar para ter as atitudes necessárias e que o meu marido esperava, pois eu sabia quais eram as necessidades emocionais dele e sabia que eu podia conseguir supri-las, mesmo sem tê-las vivido antes. Ele também teve a paciência e sensibilidade em dar o tempo necessário para que eu me adaptasse com a nova forma de suprir a sua necessidade emocional. As diferenças precisam ser trabalhadas para serem positivas ao casal. Aquilo que um não tem, o outro pode completar com a sua personalidade ou a forma de criação recebida, que naturalmente pode beneficiar o outro. Eu me lembro de que quando namorava o meu marido, ele tinha o hábito de escovar os dentes apenas depois do café da manhã, *argh*!, porém era um hábito da forma como ele foi criado, como as pessoas de sua casa faziam. Eu confesso que achava esse hábito horrível, visto que desde pequena fui ensinada a escovar os dentes assim que saísse da cama. Mas ele mesmo, com o passar do tempo, foi percebendo que a forma como eu fazia com relação à escovação era melhor e, sem eu dizer nada, ele foi mudando o seu hábito e hoje ele escova os dentes toda vez que se levanta da cama, antes do café da manhã. A minha diferença pode ter favorecido a transformação que ele teve. Eu jamais poderia forçá-lo a mudar porque o meu jeito era o certo, pois na cabeça dele o jeito dele também era o certo. Ainda bem que ele mudou antes que nascessem nossos filhos, pois teríamos que escolher uma única forma para ensiná-los a higiene bucal.

Agora há manias que são simplesmente manias, hábitos rotineiros e que nem sempre foram fruto da educação recebida, mas a forma de ver e fazer as coisas por natureza própria. Essas sim podem prejudicar o relacionamento quando incomodam o outro. Muitos vão para o casamento achando que o cônjuge deve aceitá-lo como ele é, com seus hábitos e manias. Mas o que seria "mania"? Prática repetitiva; costume esquisito, peculiar; excentricidade. Talvez você possa pensar: Toda minha vida eu fiz dessa forma e agora vou ter que mudar por causa dela? Opa, quem é ela para você? Qual valor e prioridade ela tem na sua vida a ponto de não ser o suficiente para mudar algumas formas de viver na sua vida e que harmonizará a vida do casal? Imagine os dois pensando da mesma forma, irredutíveis com relação às mudanças, como será esse relacionamento? Como citei nos capítulos anteriores, o casamento exige renúncias e se você não está disposto a renunciar, ainda não está pronto para viver uma vida em comum. Lembrando-se de mais uma da minha vida de solteira, eu só dormia de bruços, era o meu jeito de pegar no sono. Com uma companhia ao meu lado, não havia espaço na cama e nem jeito para dormir da mesma forma, então me adaptei a dormir de "conchinha", uma maneira maravilhosa que todos os casais deviam se adaptar. Não durmo a noite toda assim, mas para pegar no sono sempre foi dessa forma.

Mas muitas manias irritam o cônjuge e é aí que eu gostaria de abordar. Diferentemente do homem, a mulher por bem menos desiste de desarrumar a cama, exceto raras exceções. Uma chateação no emprego, uma casa desorganizada depois de um dia de trabalho fora, uma indisposição durante o dia com as crianças ainda pequenas, um filho com febre, uma enxaqueca, uma má notícia durante o dia, uma resposta atropelada do marido, um descaso na sua necessidade emocional, na forma de linguagem, a falta de higiene corporal do cônjuge. Bem, mas por coisas aparentemente tão medíocres, é motivo para desistir de desarrumar a cama? Sim, porque não são pequenos motivos, tudo isso é muito importante para a esposa. Você lembra que ela é motivada pela emoção? Quando é dada a devida importância e atenção às necessidades emocionais da esposa, todas essas situações podem ser contornadas e mudadas para o modo desarrumar a cama. Há manias no marido que com o tempo podem irritar a esposa a ponto de ela começar a sentir tristeza ou ressentimentos por ele. Para isso é necessário sensibilidade e disposição do marido em querer mudar essa situação, a qual tem causado danos emocionais a esposa. Já ouvi esposa que não gostava de fazer sexo oral porque o marido não fazia a higiene adequada da região íntima, ele não fazia assepsia e dessa forma gerava um odor desconfortável na relação. A higiene é fundamental na hora de desarrumar a cama, um banho bem caprichado, um perfume que agrade a esposa, isso é muito importante. Eu usei um perfume por muitos anos que o meu marido não gostava, mas eu só fiquei sabendo depois de muitos anos; então perguntei por que ele não me disse antes, na época; para minha surpresa ele disse que não queria "bater de frente" comigo e ele estava certo, naquela época eu ainda não estava disposta a renunciar um perfume por sua causa. Quantos anos deixei de agradar o meu marido por causa da personalidade resistente e a falta de entendimento que eu tinha. Eu poderia usar essa personalidade para completar o que não havia na dele ao invés de usá-la para o meu próprio benefício. Hoje, sempre que vou comprar um perfume, uma roupa, peço a sua opinião, pois antes de me favorecer, eu tenho o prazer em agradá-lo. Durante esta leitura, imagino que pelo menos duas manias que irritam a sua esposa já foram identificadas. Comece por saber como ela gostaria que você fizesse para mudar essas manias e peça a ajuda dela para sinalizar quando não estiver conseguindo cumprir o combinado. As diferenças mais visíveis talvez sejam as mais irritantes para ela. Vocês podem fazer uma lista das coisas que irritam e conversar sobre elas. Lembre-se de que talvez você não goste do que vai ouvir, portanto esteja preparado para ser contrariado. Eu sei que ninguém gosta disso, mas reflita sobre as questões que serão abordadas. Pergunte a ela porque tais coisas as irritam e leve a sério todas as alternativas que ela discorrer. Conversem sobre isso e entenda porque você tem essas manias. Tenho certeza de que a mudança delas não irá favorecer apenas a sua esposa, mas a você mesmo como pessoa e o seu casamento em todas as áreas. Não se esqueça de que vocês são diferentes. O que é certo para um, pode não ser para o outro e vice-versa. Lembra-se da higiene bucal do meu marido? Mas é preciso entrar em um consenso e identificar o que tem atrapalhado sua esposa de sentir prazer e alegria em desarrumar a cama com você.

No casamento, é preciso entender as diferenças. Meu marido sempre me dizia que eu não ficava satisfeita com a forma que ele me ajudava em casa, pois ele não fazia da mesma forma que eu, e era verdade. Isso o desestimulava a me ajudar mais, uma vez que sempre fui muito detalhista e ele muito prático. Era difícil para eu ver as coisas sendo feitas de forma diferente do que eu fazia, afinal, eu fazia da melhor maneira, pensava eu, quando, na realidade, o que importa é o resultado, era eu estar desafogada dos trabalhos domésticos. Passou um tempo para entender que isso era uma mania de perfeição que irritava profundamente o meu marido. Diz a lenda que os opostos se atraem e normalmente há essa diferença entre os casais, são totalmente opostos. Já pensou em como seria ser casado com alguém igual a você? Creio que não daria certo e nem teria graça o relacionamento, pois as atitudes seriam sempre previsíveis. Meu casamento não duraria nem um mês, uma pessoa batendo de frente comigo e eu revidando no mesmo modo? Minha personalidade é colérica, a do meu marido melancólico, foi dessa forma que Deus usou a vida do meu marido para me ensinar tantas coisas, inclusive a mansidão. Não mudei a minha personalidade, mas procuro agir com o lado positivo dela e completar a personalidade do meu marido e vice-versa. Talvez seu caso seja semelhante, há casais em que um é falante, comunicativo, o outro é mais reservado, se resguarda; um gosta de interagir com a sociedade, o outro já é mais caseiro; os que se levantam cedo e se casam com os da noite, que é o meu caso, todas as tarefas eu desenvolvo melhor durante o dia, de preferência na parte da manhã, já meu marido desenvolve suas tarefas melhor durante a noite e por isso não levanta tão cedo. Mas o mais importante disso tudo é entender que há diferenças e elas devem ser respeitadas e adaptadas no relacionamento, não deve ser motivo de irritação, mas procure o lado positivo dela porque existe, Deus nos fez diferentes e nos juntou com essas diferenças, então precisamos saber lidar e conviver com elas, e as manias devem ser discutidas para transformá-las em atitudes benéficas.

Aconselhamos um casal, certa vez, em que o homem não procurava a sua esposa e quando ela o fazia quase sempre ele a evitava. Isso é um caso raro, pois normalmente é o inverso. Perguntamos a ele o que fazia com que nem sequer tentasse desarrumar a cama com a sua esposa, então ele disse que era o mau hálito, mesmo ela garantindo que tomava banho, escovava os dentes e higienizava a boca com anticéptico bucal sempre antes de se relacionarem. Perguntamos se havia algum dente que necessitava de tratamento, pois sabemos que isso gera odor e mau hálito, ou problema estomacal, ela assegurou que estava tudo sob controle e que não havia motivos para esse argumento. Fomos fazendo a tentativa de outros motivos, até que ele confessou que não concordava com a administração financeira da esposa, por que sentia que suas contas pessoais não eram priorizadas; neste caso, por ela ser uma empreendedora, havia maior facilidade em lidar com as finanças da família e os desdobramentos financeiros que ela fazia não satisfaziam a ele, uma vez que ele desconhecia toda a parte financeira da empresa.

É interessante como uma situação gera outras situações e ramificam na vida do casal. Por mais que a esposa procurasse saber o motivo pelo qual ele não a procurava, ele não deu condições para que tivessem diálogo e um provável entendimento no assunto, que o estava deixando ressentido com a esposa. Tudo se resolveria com mais facilidade e rapidez se ele permitisse que a esposa soubesse o verdadeiro motivo que o fez perder o interesse sexual por ela. Não é possível imaginar, nesse caso, que o marido estava desinteressado em desarrumar a cama por causa da situação financeira do casal. É necessário buscar a razão da causa do desinteresse, principalmente se a esposa tem dificuldade em expor seus pensamentos, ou se não há abertura para um diálogo entre o casal. Incite a ela falar a causa, isso pode ser um exercício para ela em revelar os seus sentimentos a você. A empatia é uma forma de comunicação, e quando você entra no coração do outro deixa de proteger suas próprias ideias. É a capacidade de se comunicar com a outra pessoa, de forma que ela sinta segurança e que você é um com ela.

LEVE SUA ESPOSA PARA DESARRUMAR A CAMA COM VOCÊ

Diferenças: entenda que há diferenças de personalidade e forma de criação; ajustes, adaptação, conhecimento dos sentimentos, empatia e renúncia.

Higiene: é fundamental levar com seriedade a higiene, o banho antes de ir para a cama e o desejo de agradar sua esposa.

Manias: elas precisam ser conhecidas e reconhecidas para serem ajustadas ou aniquiladas da relação.

Comunicação: ela é imprescindível e necessária, fale o que te incomoda no momento apropriado, num tom de voz estável, mas tenha empatia para também ouvir e talvez, ser contrariado, dê oportunidade para sua esposa fazer isso sem receio ou ressentimento.

Formas de linguagem: pratique, perceba, seja sensível, se esforce, exercite. Isso fará toda a diferença em seu casamento.

Tornando as relações sexuais mais marcantes - Tarefa evolutiva para o casal

1. Você acha que a sua atitude em relação ao sexo tende a receber ou a exigir mais do seu cônjuge?
2. Quais manias seu cônjuge tem comentado que impede que você seja constante na cama?
3. Hábitos ruins também podem ser erroneamente considerados virtudes, respondam: um de vocês tem essa atitude?
4. Alguma mania do seu cônjuge que ele ainda não aceitou mudar e que causa uma atitude negativa em você em relação a expressar seu ardor sexual na cama?
5. Há falta de higiene de sua parte ou de seu cônjuge que não permite que o sexo entre vocês seja uma experiência melhor?
6. Como o seu cônjuge pode ser mais asseado em relação aos odores ou pelos, ou outra área, para tornar o sexo entre vocês melhor?
7. O diálogo é uma via de comunicação ou vocês preferem esperar que o outro venha reconhecer a atitude negativa?
8. A sensibilidade faz parte do sexo, fale para o seu cônjuge a mudança que você quer ter para agradá-lo.

Durante o sexo vocês falam o que incomoda ou agrada, ou há receio de deixar o outro envergonhado ou triste? Por que não falar sobre isso agora?

A personalidade do seu cônjuge é favorável para desarrumar a cama? E a sua?

9 - A traição mental (Ricardo)

Todo o homem passa por tentação, o homem é visual e precisa proteger sua mente. É imperativo controlar suas fantasias, impedir seguir com ideias de sexo com quem não é seu par. A biologia do homem conspira muito contra ele, seus olhos fornecem matéria-prima para devaneios e luxúria. Conscientemente precisa tomar a decisão de evitar ter prazer com pensamentos acerca de outras mulheres. Eu já comentei neste livro que os adolescentes têm contato com o sexo através de material gráfico ou virtual que desperta muito precocemente a prática sexual. O adolescente vê uma imagem e seus desejos são despertados e o caminho que ele encontra para o alívio é a masturbação. É grande a quantidade de homens casados ainda com dificuldade de abandonar a prática do prazer solitário. Essa ocorrência começou lá atrás, pode ter se transformado num vício mental que o faz cometer ainda essa prática. De tanto repetir, a sua consciência desenvolveu resistência à culpa, e, por isso, ainda que sinta o peso de que há algo errado, ele segue imaginando sexo na mente com outras mulheres. O sexo sempre pede mais, ele quer se aprofundar, o desejo pulsa o coração, as sensações de prazer são cada vez mais intensas e insaciáveis até que o resultado começa a aparecer externamente. Você que é homem sabe do que estou falando.

Veja um caso de um casal que aconselhamos. A esposa reclamava que o marido não tinha ereção duradoura no relacionamento sexual com ela. Investia para desarrumar a cama com acessórios e lingeries variados. Tentava provocá-lo usando sua sensualidade, contudo o marido não sustentava sua ereção. Ela desconfiou que seu marido se saciava sozinho. Um dia ela saiu de casa para trabalhar e o avisou que iria demorar, deu uma volta no quarteirão e voltou para casa, colocou a chave na porta com muito cuidado para não fazer barulho e entrou silenciosamente. A cena que ela presenciou confirmou sua desconfiança, flagrou o marido sentado se masturbando na frente do computador vendo um filme pornográfico. Resumindo a história: o marido não conseguia se excitar se não pensasse em pornografia. Conversamos e aconselhamos eles a vencerem isso juntos, e afirmamos que o problema não era somente dele, mas do casal e sugerimos que se relacionassem com franqueza, e que a esposa o ajudasse jogando mais gasolina no fogo, mas apenas a gasolina da esposa. Ele prometeu a ela depositar todas as suas expectativas e desejos sexuais no casamento. O que foi bom nesse caso foi que a esposa topou ser parceira em satisfazer suas fantasias. Resultado: foi o fim do uso da pornografia para o prazer solitário naquela casa.

Outro caso de um marido que não conseguia chegar ao orgasmo se não pensasse em outras mulheres. Perguntei sobre como eram suas fantasias. Ele imaginava chegar de surpresa no trabalho de uma conhecida e de repente começavam a se beijar e se tocar loucamente, fazendo sexo na sala, no corredor, no banheiro, escondidos na escada etc. Nada original, certo? Você que é homem sabe como é isso? Sim, todos nós temos familiaridade com essa imaginação descrita, isso não chega a ser criatividade, mas é uma narração corriqueira. Perguntei como ele colhia essas imagens, isso porque ele deu rostos e nomes às mulheres que ele imaginava. Ele me contou que olhava para os quadris da fulana, para o decote da beltrana, e para as pernas da colega. Neste caso, também eram seus olhos que alimentavam sua imaginação com as mulheres que trabalhavam com ele. O homem não procura ajuda porque a maioria tem medo de ser linchado moralmente por quem deveria ajudá-lo. Em muitos destes casos, o ato mental não fica apenas no pensamento, eles saem da imaginação e passam a ser um flerte. Ocorrem dois resultados: Ou ele tem sua reputação massacrada e passa vergonha porque alguém não aceitou corresponder ao flerte e o denuncia para seu círculo de contatos, chamando-o de tarado. Ou o outro lado topa, levando-o a cometer adultério, destruindo seu casamento. Minha reação não foi dizer a ele: "Adúltero, safado, sem vergonha! Como você é promíscuo, sujo e crente falso!". Eu disse que ele não é o único, e que vários homens enfrentam essa batalha. É a batalha de todo homem. Ele chorou e perguntou o que podia fazer para resolver isso. Com seu coração em minhas mãos pude ajudá-lo a vencer, e ele venceu!

Vamos falar sobre a tolerância ao pecado, pois essa tem ligação direta com a falta de domínio e dos desejos. Todos nós, homens pecadores, já desejamos ficar com Deus e também com o pecado. O pecado é o jeito destrutivo de ter prazer, e a santidade é o jeito sadio de ter prazer. Você pode andar em santidade e experimentar muito prazer na sua "carne". O termo "carne" que me refiro aqui não é no pecado da carne da natureza caída, mas o prazer que sinto na carne existencial, porque agora sou um homem regenerado em Cristo. Sim, eu sou de carne! Eu falo isso porque é impossível sentir prazer sexual no espírito. O espírito não tem relação nenhuma com o sexo. O sexo é vivenciado e experimentado em carne, no estado físico do corpo. Ele pode desfrutar de todo prazer que o desejo sexual pode dar e estar em santidade. No casamento eu devo permitir meus sentidos, a liberdade de conhecer tudo o que consigo experimentar no sexo com meu cônjuge. A tolerância ao pecado põe tudo a perder, pois eu quero saber o quanto perto do barranco eu posso andar sem cair nele. Esqueça isso, não há como ter segurança caminhando nesse nível de perigo. É semelhante a acreditar que pode dormir segurando uma granada sem o pino de segurança e se arriscar que sua mão segurará firme sem soltar a alavanca precursora quando cair em sono profundo. Um dia você vai despencar nesse buraco. Então vamos agir antes do desastre. "Quem tenta esconder os seus pecados não terá sucesso na vida, mas Deus tem misericórdia de quem confessa os seus pecados e os abandona" (Provérbios 28:13. NTLH). Confessar o pecado é o primeiro passo para ter sucesso. O pecado que está somente dentro da sua mente não precisa ser dito a sua esposa. Ela não precisa carregar o fardo de que você faz sexo com ela, mas pensa em outra. Peça perdão somente a Deus, assim você protege sua esposa dessa dor. Se você flertou com outra pessoa, isto é, outra pessoa correspondeu a isso, então você precisa enfrentar uma situação delicadíssima de muita dor. Meu conselho é que sempre tenha um casal aconselhando e acompanhando você e sua esposa em todas essas etapas. Quando você escolhe a pureza, o diabo perde a força de barganha. Tudo vem à luz e nenhuma das obras das trevas pode ser feita na luz, ao contrário, quando nossa carne quer praticar o pecado ela corre para se esconder nas trevas onde não pode ser visto, mas os olhos do Senhor estão por toda terra (Provérbios 5:3) e nada fica oculto. Se você não confessar por amor, o diabo o envergonhará pela dor. "O prudente vê um problema se aproximando e foge; o insensato entra de cabeça e quebra a cara" (Provérbios 27:12. AM). Depois que você confessou é hora de se esconder em Deus, nesta posição não há como seguir mais em frente com o pecado. Treine seus olhos para obedecer a sua nova posição. Você se habituou a lamber com seus olhos o quadril das outras mulheres, agora você vai impedir que isso aconteça. Se você não pode mais olhar o decote de outras mulheres, olhe para o decote da sua mulher. De hoje em diante você não vai mais permitir que sua mente pense como seria sua colega nua e se imaginar tocando ela. Agora, seus olhos vão apreciar a nudez da sua esposa e aumentar seu apetite por ela. Neutralize a volúpia dos sentidos que estão viciados em querer abraçar mulheres para senti-las encostadas em seu corpo. Sua meta agora é abraçar sua esposa demoradamente e perceber as suas curvas e o seu perfume. No caso em que você não precisou falar do seu pecado a sua mulher porque ele sempre ficou apenas em sua mente como eu orientei, converse com ela para te ajudar nessa batalha. O diálogo deve ser franco. Conte a sua esposa que você precisa de ajuda, que tem sentido a tentação, mas que você quer manter sua pureza. A esposa tem o dever de ajudar seu marido com carinho, ternura, disposição e misericórdia. É possível que ela se assuste com essa declaração ou te recrimine por assumir falho como os outros homens. Se possível, leiam este livro juntos para caminharem no mesmo fluxo de restauração.

Não é errado, pecaminoso ou degradante de a esposa exibir para seu marido seu corpo, ou falar algo para aumentar o apetite do marido com a exposição provocante de alguma parte do seu corpo. Volto a repetir esse versículo, só que em outra versão, veja só: "A esposa não manda no seu próprio corpo; quem manda é o seu marido. Assim também o marido não manda no seu próprio corpo; quem manda é a sua esposa" (1 Coríntios 7:4. NTLH). Quem manda no seu corpo é o cônjuge, contudo, apesar disso não deve ser tomado, mas oferecido porque é direito da esposa ou do marido. Procurem equilíbrio, respeitem um ao outro, porém não usem da bandeira do respeito para proibir que o marido olhe, toque e se satisfaça completamente no corpo da esposa. Não é para a esposa se sentir um objeto sexual, é para abandonarem conceitos que travam a plenitude da união no casamento. Algumas mulheres ficam incomodadas com o olhar de desejo dos maridos. Uma oportunidade para crescer, se liberar, e ser para o seu marido o único porto do desejo onde ele pode se sentir aceito e liberto de toda pressão do julgamento de que o homem é sujo, tarado, uma máquina de sexo. A verdade é que Deus fez o homem visual, e fez sua protetora idônea que, no original, é protetora fiel com o propósito de protegê-lo das tentações e não ser um motivo para ele cair.

Pare de alimentar sua mente com imagens, elas sempre vêm à frente e desviam sua atenção para corromper sua pureza. "Portanto, se o seu olho – o olho com que você enxerga melhor – faz você cobiçar, arranque e tire para longe. É melhor que seja destruída uma parte de você, do que ser lançado você todo no inferno" (Mateus 5:29. NBV). Os olhos são as janelas dos desejos. Eles te levam onde sua natureza carnal caída encontra alimento para te forçar ao pecado.

DEFINA SUAS DEFESAS

Nós homens precisamos estar sempre de prontidão para dizer não ao desejo de ver, de flertar e da curiosidade. Ao passar uma mulher com um corpo desenhado, logo nossos olhos desejam apreciar a vista. Se em um olhar ou conversa uma mulher nos dá uma atenção a mais, o lado garanhão de todo homem já quer saber se ainda desperta alguma atenção em outra fêmea. E nossa curiosidade abre mais espaço para outras perguntas, tais como: O quanto eu posso olhar sem pecar? Será que eu poderia dar um beijo no canto da boca sem ser um beijo de adultério na boca? Eu poderia abraçar bem apertado e sentir sexualmente o corpo de outra mulher sem cometer o pecado sexual? Eu poderia ter conversas quentes com outra mulher por uma rede social sem estar traindo minha esposa? Para eu ter êxito na pureza sexual eu preciso eliminar todos os indícios de impureza, os mínimos, até daqueles que eu escolhi guardar para um eventual momento de prazer mental no futuro. Esse é o nosso problema, não eliminamos as reservas de impureza para trazê-las à memória para um instante rápido de excitação sexual para satisfazer nossa volúpia. Eu tenho que guardar todo o meu impulso sexual e energia sexual para dirigi-las à minha esposa. Qualquer gasto com pensamentos a respeito de outra mulher é pecado, o mínimo que seja. Parecer perfeito é diferente de ser algo excelente. A perfeição custa muito caro. Até onde eu posso ir e ser chamado de marido fiel? De marido perfeito? Como eu disse no início deste capítulo, o orgulho ou a curiosidade, ou até mesmo a desejo pela volúpia, será usado pela nossa mente como ferramentas e combustíveis para sentir prazer sexual. Seja firme com você mesmo, é um erro supor que se tem tolerância ao pecado. Muitos casais caem no pecado da fornicação porque no namoro andam próximo ao abismo. Ninguém anda perto do abismo sem cair nele. Se em algum momento algo pode dar errado, ele dará! Talvez não na primeira vez, ou na quinta, mas quando você achar que é seguro praticar o pecado. Quando você pensar que a consequência do pecado é administrável e o custo vale o benefício do prazer, você será destruído. Jó desejava a perfeição e não a mera excelência. "Se eu fui seduzido por uma mulher e planejei em minha mente algo com ela, que minha mulher seja livre para ir embora e se tornar mulher de outro homem. Pois seria inaceitável, o fim da picada. Eu mereceria a pior punição que existe. O adultério é um fogo que queima até os alicerces, que a tudo destrói e tudo consome" (Jó 31:9-12. AM). Você deve estar horrorizado sobre a minha declaração de que o padrão de excelência não é o alvo mais elevado. Eu não sou tão radical assim, mas quando escuto tantos líderes pregarem sobre sermos excelentes e nada sobre perfeitos, eu me preocupo. Primeiro, porque a moda é dizer que não somos perfeitos e não temos que ser tão severos conosco. Segundo, que o pecado já é tratado como um problema, uma dificuldade e podemos conviver com ele aceitado seus picos e suas estabilidades. Em Mateus 5:48. ARA. diz: "Portanto, sede vós perfeitos como perfeito é o vosso Pai Celeste". Se você frequentou um pouquinho da escola dominical, aprendeu que a palavra no grego aqui é *teleios*, que significa perfeito, que não carece de nada necessário para estar completo. Em outra versão vemos o texto assim: "Portanto, sejam perfeitos em amor, assim como é perfeito o Pai de vocês, que está no céu" (Mateus 5:48. NTLH). As duas versões apontam para comportamento. Nossa perseverança também deve ser *teleios*,

Tiago 1:4. ARA: “Ora, a perseverança deve ter ação completa, para que sejais perfeitos e íntegros, em nada deficientes. E a exortação é que possamos manter a perfeição, que vos conserveis perfeitos e plenamente convictos em toda a vontade de Deus.” (Colossenses 4:12. ARA). Nada há para sermos excelentes, mas perfeitos. De onde vem então essa ideia de que não somos perfeitos? A própria Bíblia fala da nossa finidade, do nosso coração enganoso etc. Mas todas essas citações excluem o sacrifício de Cristo, pois nele chegamos perfeitos à presença de Deus. Quando nos apresentamos a Deus não o fazemos por nosso conhecimento ou pelo nosso esforço, mérito ou santidade. Tudo isso passa pelo nosso Mediador perfeito, Jesus, e chega a Deus perfeito. A excelência é então uma mera atribuição de conexão, uma relação, um predicado formoso que se dá ao nosso máximo esforço. Para você agora entender na prática, a excelência é um padrão relativo do homem e a perfeição um padrão fixo de Deus que tem como único exemplo Cristo. A Bíblia diz em Efésios 5:25. NBV: “E vocês, maridos, mostrem pelas suas esposas o mesmo tipo de amor que Cristo mostrou pela Igreja quando morreu por ela”. Ame sua esposa como Cristo amou a Igreja, não como Salomão, Davi, Abraão, Isaque, Jacó ou Oseias amaram suas esposas. Obedecer em amor é perfeito. Obedecer em tudo é perfeito, obedecer só ao que interessa ou o que pode, é excelência.

Fazer o voto da pureza é fácil, entretanto o difícil é manter a pureza, pois há inúmeras situações que sugerem a nós homens a quebra da promessa. Se você deixar sua mente sem freio chegará um momento em que você não conseguirá manter uma relação sexual com apenas sua esposa na mente, você estará viciado em fantasias e sem elas não conseguirá chegar ao orgasmo. É como a masturbação, o prazer solitário, de tão habituado àquela conduta que de outra forma não se satisfará. Se ampare praticando estas defesas definidas, guarde:

SEUS OLHOS: Quando você sempre dá uma segunda olhada para o rebolado de uma dona que passa por você, logo seus olhos estarão treinados a buscar maneios de quadris para você sentir esse prazer, eles se moverão automaticamente em direção às mulheres, selecionado os mais atraentes. O mesmo com seios e corpos sexuais. Todas essas imagens são guardadas e serão usadas, mais tarde, para prender você à dependência que este prazer proporciona. Isso proporciona um tipo de prazer, é uma sensação extremamente agradável, é boa, porém é destrutiva. Você pode sentir todo esse prazer treinando seus olhos para que se voltem para o corpo de sua esposa, lá é o lugar de você se deliciar. Lucas 11:34. NTLH diz: "Os olhos são como uma luz para o corpo: quando os olhos de você são bons, todo o seu corpo fica cheio de luz. Porém, se os seus olhos forem maus, o seu corpo ficará cheio de escuridão".

SEUS OUVIDOS E BOCA: Não fale e não ouça coisas que vão tirar sua pureza. Deus não nos chamou para vivermos isolados do mundo, mas para influenciarmos as pessoas que temos contato. Sempre temos contato com homens que põem em prática todas as lascívias que desejam.

Precisamos tomar cuidado quando ouvimos estas aventuras. Um homem de Deus não se permitirá ouvir passivamente sem dizer que aquela conversa é inconveniente para um cristão. A maioria dos homens não cristãos interromperia continuar em contar sobre suas perversões sexuais em respeito ao homem cristão que se impõe. Mas, às vezes, o pouco que se ouve já é o bastante para trazer a perturbação e a impureza. Pior seria ouvir e também comentar ou expressar algum desejo pecaminoso. Guarde seus ouvidos, não há resistência ao pecado. O texto de Efésios nos dá a certeza de que temos que renunciar assuntos concupiscentes. "Não permitam que o amor se transforme em paixão carnal. Vocês podem cair na ladeira escorregadia da promiscuidade, da perversão ou da cobiça desenfreada. Ainda que alguns gostem de uma fofoca, os seguidores de Jesus devem usar a língua para o melhor. Nada de falar besteiras e baixarias. Isso não condiz com o estilo de vida de vocês. Ação de graças sempre deve ser a marca da nossa linguagem" (Efésios 5:3,4. AM).

SUA MENTE: Dificilmente sua mente terá combustível podre para queimar se você não encher seu tanque de sexo com imagens e lembranças de perversão dos olhos e ouvidos e de toques. "Mas eu lhes digo: quem olhar para uma mulher e desejar possuí-la já cometeu adultério no seu coração". (Mateus 5:28. NTLH).

SUA CURIOSIDADE: A mente do homem é extremamente curiosa e criativa, se os olhos forem treinados para obedecer, então sua curiosidade também será dominada. Porém, se os seus olhos e ouvidos não estiverem controlados pela vontade de manter a pureza, uma enxurrada de curiosidades pode alimentar sua mente com imagens, sons e toques. O texto de Gálatas 5:16,17,19. NTLH diz: "Quero dizer a vocês o seguinte: deixem que o Espírito de Deus dirija a vida de vocês e não obedeçam aos desejos da natureza humana. Porque o que a nossa natureza humana quer é contra o que o Espírito quer, e o que o Espírito quer é contra o que a natureza humana quer. Os dois são inimigos, e por isso vocês não podem fazer o que vocês querem. As coisas que a natureza humana produz são bem conhecidas. Elas são: a imoralidade sexual, a impureza, as ações indecentes". Na prática, a mente que foi abastecida com combustível de imagens pode querer experimentar a sensação daquele desejo que está sentindo pela estimulação da imaginação. A permissividade sexual abre espaço para que a pessoa se afunde ainda mais no abismo do pecado. Não queira saber, não queira imaginar, use com força um recurso da autoridade que vou dar logo abaixo.

O SEXO OPOSTO: A traição tem grandes tentáculos, e a mente é a primeiro alvo destes tentáculos do diabo, tocando nela o caminho para fazer você cair já foi quase todo percorrido. Jesus falou que o adultério de alma é aquele que nosso coração deseja se deitar com outra mulher. A repetição deste pecado o levará ao pecado destruidor do contato físico, mas tudo começa na mente. Algumas pessoas discordam de mim, mas minha conclusão é que não existe amizade segura de homem casado com outra mulher sem que a esposa esteja presente. Conheci um marido que tinha esse defeito, ele achava que dá pra ter amizade sem se corromper. Não aceitou meus conselhos e resolveu seguir tendo contato próximo com as colegas de trabalho. Sua esposa começou a notar um distanciamento do marido, mas não acreditava que poderia ser o caso de outra mulher na vida dele. Um dia, um parente próximo, que trabalhava na mesma empresa, o viu no corredor dessa empresa com as mãos nos ombros de outra mulher, ele não se intimidou, continuou de mãos dadas e falou que eram apenas amigos. Na semana seguinte o mesmo parente o flagrou passeando de mãos dadas e beijando a mesma mulher como se fossem namorados apaixonados. Se você deseja manter sua mente pura e blindada de traição, recuse-se a cultivar amizade íntima com outra mulher. Veja o que diz Provérbios 7:21-23. NTLH: "Assim, ela o tentou com os seus encantos, e ele caiu na sua conversa. E, num instante, lá foi ele com ela, como um boi que vai para o matadouro, como um animal que corre para a armadilha, onde uma flecha atravessará o seu coração. Era como um pássaro que entra num alçapão, sem saber que a sua vida está em perigo".

Diante de qualquer sugestão de trair com a mente, diga a si mesmo: "Eu não tenho o direito de fazer isso!". Diga em voz alta para você mesmo e mantenha-se puro. "Fujam da imoralidade sexual! Qualquer outro pecado que alguém comete não afeta o corpo, mas a pessoa que comete imoralidade sexual peca contra o seu próprio corpo. Será que vocês não sabem que o corpo de vocês é o templo do Espírito Santo, que vive em vocês e lhes foi dado por Deus? Vocês não pertencem a vocês mesmos, mas a Deus, pois ele os comprou e pagou o preço. Portanto, usem o seu corpo para a glória dele" (1 Coríntios

6:18-20. NTLH). A palavra *fugir* significa procurar segurança pela fuga. Não é desonroso ou coisa de gente covarde. Fugir é a estratégia de Deus para vencer esse pecado, pois ninguém tem resistência para enfrentar, por isso a Bíblia manda fugir. Essa é a mais forte arma. Se você não tem o direito de olhar, ou de pensar, ou de falar, então não faça! Para fechar este capítulo, veja este alerta: "Honrem o casamento e mantenham a pureza sexual entre marido e esposa. Deus não aprova o sexo casual e ilícito". (Hebreus 13:4. AM). As fantasias sexuais com outras mulheres, além de ser um pecado contra Deus, faz você cultivar um hábito destrutivo, igual à masturbação. Isso tira toda a chama que você tem pela sua esposa e aos poucos tirará também a seiva da sua vida. A acusação que no início fazia você ficar com remorso não terá mais efeito. A lembrança da advertência bíblica contra a traição mental também não o fará desejar o arrependimento. A insensibilidade da alma em falta, bem como também a cauterização do espírito são os propósitos do diabo para destruir e tirar a alegria e o prazer do casamento. Remova todas as pedras da sua mente e o desejo aflorará com paixão. Imagine amando seu único amor de várias formas, pensando nela você pode permitir sentir o prazer das lembranças e dos desejos vividos com ela, nisso não há impedimento algum, pois ela é somente sua e você somente dela.

1. Qual é a diferença de ser tentado e cair em tentação?
2. Há pecado quando somos tentados?
3. Não há pecado quando se sofre a tentação, o erro de culpar quem passa por tentação não é uma forma de piorar o relacionamento?
4. O que de prático vocês fazem para proteger o casamento, é tarefa só daquele que é tentado?
5. Você é sincero em reconhecer que a tentação pode acabar com a sua vida, ou você vive flertando com o perigo?
6. Seu cônjuge já lhe chamou a atenção por causa de olhadas sinuosas para outro homem ou mulher?
7. Se você tem pensamentos lascivos com o sexo oposto, você teria coragem de falar sobre isso com o seu cônjuge e pedir ajuda?
8. Comentem como vocês podem ajudar um ao outro a vencer as tentações diárias.
9. Há algo prático sugerido aqui que vocês podem fazer para fortalecer a exclusividade sexual na mente?

10 - Deus está no quarto quando fazemos sexo? (Dayse)

Infelizmente, muitos casais ainda veem o sexo, mesmo dentro do casamento, como algo quase pecaminoso, um ato que tem como prioridade procriar, porque foi uma ordem de Deus. Há mulheres que não sentem prazer em satisfazer seus maridos porque entendem como pecado buscar prazer na cama desarrumada. Ainda há aquelas que querem fazer uma devocional antes de se relacionarem sexualmente com seus maridos, oram, leem a Bíblia, mas ouvir louvor durante o ato sexual é pecado, assim como ler a Bíblia no banheiro, mas não vamos abordar esse assunto aqui. O que Deus disse em sua palavra, é que se conhecermos a verdade seremos livres (João 8:32). Deus tem uma vida de plenitude para os casais, plenamente feliz, prazerosa, realizada, satisfatória e intensa. Quando desconhecemos ou interpretamos a Palavra como benefício próprio, não conseguimos viver essa vida de plenitude que Deus preparou para nós e espera que vivamos. A verdade é que Deus não dá importância a muitas coisas que enfatizamos como importantes e muitas coisas que Deus valoriza, nós as desprezamos, uma delas é gozar a vida com a mulher (homem) que amamos (Eclesiastes 9:9). Durante um tempo, a interpretação bíblica foi distorcida, e o que temos muitas vezes é um Deus, Pai sisudo, marrento, pronto a nos castigar e sem alegria em nos ver felizes. Confesso que por um tempo em minha adolescência vi Deus dessa forma por um longo período, pela maneira que me foi ensinado e pela imagem de pai que eu tinha.

O que Deus tem prazer e alegria em realizar é o desejo do nosso coração (Salmos 37:4), quando está em sintonia com o dele. Por isso, é importante sempre pedirmos que Ele alinhe o nosso coração com o coração dele, a nossa vontade, com a vontade dele. E não que Ele mude os planos dele conosco, para alinhar o coração dele ao nosso. Na verdade, como Pai misericordioso, Ele pode alterar alguns dos seus planos para satisfazer os nossos. Mas, na verdade, devemos sempre estar em sintonia com a vontade e o coração dele para entendermos e vivermos o Seu propósito em nossas vidas. Bem... Mas o que isso tem a ver com tudo o que falamos no início deste capítulo? É que Deus não quer que você tropece, ou fique patinando em conceitos e achômetros ao invés de viver a liberdade que Ele tem para você. A liberdade de ser feliz, amar, sentir prazer sem culpa ou remorso. Alguns casamentos são desfeitos, porque a mulher se torna muito religiosa na cama e acaba não vivendo a palavra como está em 1 Coríntios 7, onde o seu corpo pertence ao marido: "A esposa não manda no seu próprio corpo; quem manda é o seu marido. Assim também o marido não manda no seu próprio corpo; quem manda é a sua esposa" (1 Coríntios 7:4. NTLH). Deus quer que você seja livre na cama, mulher! Desarrume a cama todos os dias e em todos os momentos que forem necessários e desejados. Sexo não tem hora certa para ser feito e nem lugar determinado, isso é o casal que decide. Lógico que será em um horário e local que estiverem a sós e não corram o risco de serem surpreendidos principalmente pelos filhos, causando constrangimentos e posteriores problemas emocionais, como já mencionamos em capítulos anteriores. Você pode sim reverenciar a Deus e ter o seu momento especial e íntimo com Ele, mas não necessariamente no momento em que vai desarrumar a cama com seu marido. Deus está em todo o lugar e em nossas vidas em todo o tempo, você pode glorificá-lo em todo instante, inclusive nesse momento tão grande de intimidade, mas isso deve ser algo espontâneo e o marido deve sentir o mesmo fluxo. O que não deve acontecer é um ritual de limpeza e perdão de pecados antes do sexo, como se fosse algo sujo e impuro, para mostrar a Deus que você está indo como se fosse para o matadouro em obediência, mas não há alegria e nem prazer nisso. O nome disso é hipocrisia e religiosidade e serve para deixar seu marido furioso e desconcertado como se ele fosse o instrumento do diabo para te fazer pecar. Você acha que eu estou exagerando? Já vi casamentos de muitos anos de infelicidade secreta viverem uma vida medíocre e falida sexualmente.

Certo casal desconhecia a verdade e vivia uma vida de prisão e patética sexualmente. A esposa nunca foi orientada quando solteira, morria de vergonha e se sentia impura quando ia se relacionar com o marido. O marido, por sua vez, com o seu desejo espontâneo, mas ao mesmo tempo recalcado, no momento ápice do seu desejo, ia pra cima da sua mulher com a necessidade de sentir-se satisfeito e tudo era muito rápido e frustrante. A mulher não tinha tempo e nem psicológico para ser preparada para o orgasmo e o marido sentia-se como um animal que rapidamente se satisfazia, mas não havia mais nada, nem carícias, nem palavras, na verdade, nem intimidade.

A verdade para ser livre é que Deus criou a mulher para o homem e os abençoou (Gênesis 2:28), Ele não disse que era necessário colocar a vida devocional em dia antes do ato sexual, e nem que ele era sujo ou pecaminoso. Você pode ouvir louvor se quiser, é estranho, enquanto desarruma a cama, mas eu ainda sugiro uma seleção de músicas românticas, isso não é pecado.

Um casal havia passado por uma situação delicada no casamento por causa do adultério. Estavam no processo do divórcio quando tiveram um encontro genuíno com Deus, foram assistidos pelos pastores e passaram a ter um convívio mais próximo conosco em casa para aprender o padrão de Deus. O assunto delicado do adultério foi resolvido no momento propício, o perdão foi liberado e aquele casamento foi restaurado para a glória de Deus. Pronto, eles estavam vivendo uma lua de mel que não viviam há anos, aproveitavam a folga do serviço, o momento em que os filhos estavam na escola e sempre estavam desarrumando a cama, mesmo fora dela. Numa tarde de amor, durante o orgasmo da esposa, ela explodiu com uma "glória a Deus", e o marido se assustou, mas depois terminaram em risadas num clima descontraído de amor e gratidão. Nada foi combinado ou imposto, mas creio que foi a gratidão daquele momento, e a vida de intimidade com

Deus, que levou aquela esposa a glorificar num momento tão memorável.

Há mulheres cristãs que veem o sexo como um compromisso marital e espiritual e não têm prazer nem desejo, provavelmente por algum trauma na infância ou adolescência e se torna um jugo se relacionar sexualmente, mas ela tem convicção do seu compromisso como esposa e como cristã baseada na Palavra de Deus. Hei, mulher! Deus está na sua cama, Ele quer que você tenha prazer, satisfação e alegria quando a está desarrumando. Procure a ajuda de pessoas de confiança capacitadas para ajudá-la a salvar seu casamento, não permita que frustrações, decepções, traumas e marcas emocionais paralisem esse momento tão único e intrínseco que Deus proporcionou para você.

NÃO SEJA UMA MULHER MAÇANTE

A Bíblia em Provérbios nos fala da mulher tola, rixosa, a mulher briguenta, marruda, cheia de "mimimi", uma pessoa inconveniente, impertinente, aborrecida e maçante, alguém que não é original nem desperta o interesse; quem seria valente o bastante para conviver com uma mulher assim? Logo você diz: graças a Deus essa não sou eu! Normalmente, uma pessoa assim não costuma olhar para si, portanto é necessário que alguém mostre a ela como ela é de verdade. Porém, quando alguém, nesse caso normalmente é o marido que fala, é muito difícil aceitar, pois não é essa a autoimagem que normalmente a pessoa se vê.

O marido fala porque conhece e tem muito convívio com a esposa; sempre digo: se quer saber a meu respeito, não pergunte a minha mãe, ela só falaria bem a meu respeito, mas pergunte ao meu marido que me conhece de verdade. Contudo, a aceitação se torna difícil muitas vezes pela forma como é revelado, o tom de voz, os exemplos abordados. Tudo isso influencia na aceitação em saber sobre essa personalidade tão difícil de convívio. Muitas vezes é até novidade para a esposa saber que ela tem essa deficiência, visto que busca a Deus com tanta intensidade, mas esquece de viver aquilo que Ele ordena. Pôr em prática é muito mais difícil do que saber o que deve ser feito. Muitas mulheres levam Deus para a cama com tanta intensidade que seria uma benção se vivesse na mesma proporção. Na verdade, Deus quer vida, foi para isso que Ele enviou o seu único filho, para vivermos em abundância. Mas é quase impossível uma mulher maçante, cheia de "mimimi", viver uma vida plena e proporcionar plenitude para quem convive ao seu lado. Dessa forma, é preciso entender que realmente Deus abençoa o sexo no casamento e Ele quer que você viva isso com intensidade. Não leve Deus para a cama como desculpa para cumprir apenas um compromisso de uma mulher cristã ou até mesmo para se livrar ou adiar esse compromisso. Isso é algo satânico, o diabo veio para matar o amor, roubar seu prazer e destruir o relacionamento que Deus sonhou para vocês viverem e serem felizes plenamente. Procure aproveitar mais o sexo, ao invés de encará-lo como obrigação, Deus se alegra nisso, não se esqueça. Deixe-se ser levada pela onda de calor e amor, fale ao seu marido aquilo que a agrada e explique o que pode tirar o seu prazer com amor e paciência. Desocupe-se mais, esteja livre para o seu marido, disponível sempre que ele te procurar ou que o momento for conveniente, não perca mais tempo. A experiência sexual deve ser recíproca, não encare apenas como única forma de satisfazer as necessidades físicas do seu marido, mas sinta prazer juntamente com ele, aproveite esse prazer com o seu marido. Deixe que seu marido te dê prazer, receba esse amor, não veja esse momento como algo imoral ou fora da vontade de Deus, com certeza Ele estará se alegrando ao ver esse amor sendo exposto. Dê sugestões ao seu marido para que a relação se torne mais excitante e prazerosa. Chega de "mimimi", torne-se a mulher que seu marido gostaria de ter.

Aconselhamos um casal em que a esposa era muito, mas muito religiosa. Fiz alguns encontros com ela, mas algumas coisas estavam enraizadas e ela, por sua vez, não estava muito interessada em arrancar aquelas raízes do seu interior, no sistema de crença e nos hábitos. Ela tinha uma enorme mania de limpeza e organização que, como em tudo, quando em excesso, acaba prejudicando quem convive com ela. Essa mulher sempre tinha razão e seu espírito de liderança sobrepunha o do marido, mas tudo isso com muita docilidade e até fragilidade. Ela não se dispunha sexualmente para o marido, trazia muito a família, mãe e irmãs para o seu casamento e tudo acabava sendo do jeito que ela queria. Lembro-me de que em um de nossos encontros, ela reclamou que o marido não tinha forças para orar antes de dormir e ela estava muito desconfortável com isso. Eles tinham um momento devocional e depois de mãos dadas oravam e depois, na maioria das vezes, iam dormir, outras bem poucas faziam amor. É muito lindo um casal buscando a Deus juntos, lendo a Palavra e orando, mas devemos respeitar o fator biológico, a Palavra diz que devemos buscar a Deus em primeiro lugar (Mateus 6:33), então a busca precisa ser feita no primeiro melhor horário para cada um e se esse for ao final do dia, que seja em primeiro lugar do melhor momento, antes de lavar a louça do jantar, limpar e organizar a casa, pôr as roupas na máquina de lavar. Porque, diferente disso, Deus ficará apenas com as suas migalhas. Nesse tempo, depois de um dia de trabalho e muitas horas acordado, ele cochilava na oração. Vamos por partes: uma pessoa excessivamente organizada não deixa o marido à vontade em sua própria casa, acaba se sentindo um visitante. Deixa de ter prazer em ser organizado também, visto que cada um tem seu limite, e volto a reforçar que o excesso prejudica. A devocional é muito importante na vida do casal e na individual, mesmo porque a salvação é individual; deve ser um momento agradável, neste caso, os dois se levantavam muito cedo para o trabalho, então o devocional deveria ser em um horário mais cedo, antes de terminarem todos os afazeres e se prepararem para dormir. Cada casal deve saber, em sua rotina, o melhor momento para terem um momento com Deus e o momento individual deve ser mantido, um local de refúgio onde o secreto é revelado para Deus. Mas Deus não fica aborrecido com o filho que dorme em Seu colo, qual pai se incomodaria com um filho que se aconchega em seu colo e dorme? Ele sabe que existia o desejo pela busca da Sua presença. Com relação ao casal, foram muitos encontros que tivemos juntos e pessoais, nós celebramos o casamento deles e vivemos cada emoção e alegria, dessa forma colocamos muita força para ajudá-los, mas não teve jeito; infelizmente o divórcio chegou para eles e hoje cada um tem a sua família construída do segundo casamento. Parece que o aprendizado serviu para a segunda oportunidade que eles tiveram para serem felizes.

Eu entendo que em uma separação não existe apenas um certo ou errado, um casal quando se casa se torna um e quando se separa, esse um tem participação na situação. Porém, ainda acredito que o esforço dessa esposa não foi suficiente para manter o casamento equilibrado, havia sim a personalidade dominante, mas também havia a síndrome de Jezabel, que a fazia dominar todas as situações e não permitia a voz de comando do marido. Só ela estava certa e fazia tudo de acordo, desprezando assim a voz do marido no relacionamento. Graças a Deus não tiveram filhos, porque o desgaste emocional seria ainda maior e mais difícil. É muito triste quando ouvimos um relato com esse final, pois Deus uniu o homem para que não houvesse separação de corpos, ideias e mente. O clima do relacionamento Deus deixou para a mulher dominar, se ela está triste ou aborrecida, todos os que convivem com ela vão perceber e o clima vai ficar pesado. Se a mulher está feliz e eufórica, esse clima vai contagiar a todos que convivem com ela. Portanto, mulher, deixe de ser "mimimi" e de querer controlar toda a situação, dizer ao marido quando a cama deve ser desarrumada! Mas, ao invés disso, faça do seu casamento um clima bom de alegria, prazer e amor, e o relacionamento de vocês vai aproximar as pessoas de Deus, vai dar muitos frutos e vocês serão usados para abençoar e ajudar outros casais.

A RESPONSABILIDADE DO CLIMA

Como mencionei acima, Deus deixou para a mulher a responsabilidade do clima, seja ele bom ou ruim, está na mulher esse poder. Quando o seu dia não for bom e isso refletir no seu humor, todos que convivem com você vão perceber e serão afligidos pelo mesmo sentimento que há em seu coração. Portanto, é muito séria essa responsabilidade que Deus deu à mulher. Não adianta questionar a causa dessa decisão de Deus, o fato é que deve ser obedecida e cumprida da melhor forma, sabendo que você, mulher, será a primeira a se beneficiar com suas atitudes transformadoras. Acredito até que pela sensibilidade emocional que há na maioria das mulheres, Deus tenha deixado essa missão para elas. Você vai decidir a temperatura ideal para o seu lar. É como usar o termostato para regular a temperatura dentro do seu lar, ele dará o sinal que sua casa está precisando; se estiver muito frio, ele vai receber um sinal e começará a aquecer o seu lar, mas se esquentar ele vai procurar a temperatura ideal e confortável para todos da família. Faça do seu relacionamento um clima alegre, amoroso, quente e positivo; tudo isso você conseguirá buscando a Palavra de Deus como prioridade. Deus com certeza vai nivelar a temperatura do seu coração com a dele, mesmo em dias difíceis e quentes, por isso a importância de ter uma vida de intimidade com Deus!

"A mulher sábia faz do seu lar um paraíso..." (Provérbios 14:1. NBV). Esse versículo se refere à edificação do lar, a convivência familiar, a rotina de cada dia, tornando um lugar de prazer, feliz e confortável para todos. Portanto, se a temperatura começar a esquentar com palavras, emoções e atitudes, busque palavras que acalmam, traz paz e acalenta o coração. "A resposta delicada acalma o furor..." (Provérbios 15:1. NTLH) e da mesma forma se estiver esfriando a temperatura com a indiferença e corações frios, declare a Palavra que alegra o coração. "A alegria embeleza o rosto..." (Provérbios 15:13. NTLH). "Todos os dias são difíceis para os que estão aflitos, mas a vida é sempre agradável para as pessoas que têm coração alegre." (Provérbios 15:15 NTLH). Isso pode ser um desafio, mas Deus lhe dará um coração sábio e tudo o que você precisa para construir uma atmosfera de satisfação em seu lar. E assim Deus não estará apenas em sua cama, mas em todos os ambientes do seu lar.

Tornando as relações sexuais mais marcantes - Tarefa evolutiva para o casal

1. Alguma vez você pensou que o sexo é algo sujo ou pecaminoso? Quando foi isso, e qual o motivo? Você já resolveu?

2. Você acha que Deus criou o sexo para ser uma diversão e prazer ou só um protocolo dentro do casamento?
3. Como você vê Deus e o sexo?
4. O que incomoda vocês entre sexo e religião?
5. Enquanto vocês se relacionam sexualmente, onde Deus fica, no quarto, na sala esperando vocês terminar ou ele está ali se alegrando por vocês estarem se divertindo?
6. Alguém tem o direito de privar o cônjuge de sexo por um "capricho pessoal"?
7. Vocês têm algum gatilho que provoca mal-estar, discussão ou ansiedade antes ou durante o relacionamento sexual? Por que ainda não aprenderam a evitá-lo? Parte só de um ou dos dois?
8. O que a Bíblia orienta em relação a negar o sexo ao cônjuge sem um motivo aceitável para os dois?
9. Como você descreveria sua desenvoltura sexual com seu cônjuge? Proativa, apática, maçante ou desembaraçado(a)?
10. De quem é a responsabilidade pelo clima antes e durante a relação sexual?

11 - Recicle suas fantasias sexuais (Ricardo)

O pensamento é poderoso, nele podemos fazer viagens incríveis, contudo nem tudo o que planejamos conseguimos realizar na prática, mas vale pelo menos imaginar em teoria. Na área sexual podemos chamar essas teorias de fantasias sexuais. Ouse romper essa barreira nominal, não vamos chamar de teorias sexuais, nem de pensamentos sexuais, vamos chamar com liberdade o nome de "fantasias"! Quem nunca pensou em reproduzir uma posição sexual que ouviu falar ou viu em alguma literatura ou sugerida numa brincadeira, ou num filme? Como homem eu digo que bom seria se minha esposa aceitasse realizar todas as minhas fantasias sexuais na hora e quantas vezes eu quisesse. Creio que você, homem, pensa o mesmo. Isso é impossível, nenhuma mulher conseguiria responder a esses desejos e não é por causa de qualquer pedido desafiador demais, e sim porque nem sempre tudo é a favor da fantasia do marido. O casamento une duas pessoas totalmente diferentes; mesmo que elas se entendam muito bem, a vida de cada um traz singularidades que influenciam, ora contribuindo, ora desfavorecendo. São vários fatores que afetam a realização das fantasias do marido: o fator religioso, da educação, de preferências diferentes, idade, saúde etc. Um homem que teve uma criação aberta ao diálogo com seus pais experimentará a realidade do casamento, diferente de uma esposa que tenha sido criada num ambiente familiar rígido e controlado. A mulher cresce com perfil sistemático, sua visão será de acordo com essa escala de prioridades e certamente viverá uma vida sexual cheia de ansiedade se não reciclar seu sistema de crenças. Há o oposto disso. Os lares em que a mulher é criada num espaço aberto ao diálogo e ensinada sobre sexo dentro dos limites da autovalorização e do equilíbrio, sua sexualidade se desenvolverá sadia e positiva.

Você já notou que temos meio milhão de versículos para proibir isso ou aquilo, mas apresentamos quatro ou cinco textos que falam obscuramente o que pode ser feito no sexo? Não há proibições na Bíblia para você fantasiar o sexo com sua esposa ou com seu marido. Tudo está dentro da sua mente, e lá, na sua mente, você pode fazer sexo pulando de paraquedas se quiser! O sentimento de culpa que muitos sentem ao pensar em sexo vem da religião mal vivida. Nossos pais tiveram a boa intenção de dizer que o sexo pode dar felicidade ou pode destruir. Bem-intencionados, mas isso não basta. A Bíblia fala que os fariseus começaram bem, contudo terminaram sendo uma referência de pessoas hipócritas. Eles eram guardiões da lei, e com medo de ferir a lei criaram leis para proteger a lei. A vida sexual já tem a lei das leis desde a promulgação dos 10 mandamentos. São simplesmente duas as leis, a primeira: "Não adulterarás" (Êxodo 20:14. ARA). Na sequência, a segunda: "Não cobiçarás a mulher do teu próximo" (Êxodo 20:17. ARA).

Mas os religiosos não se dão por satisfeitos, insistem em manipular textos em nome da teologia da batalha espiritual, ou da doutrina denominacional etc. Afirmam que as fantasias são coisas irreais, que tem sua prática originadas de mentes pervertidas e que o cristão não deve se prestar a esse tipo de lascívia. Eu preciso dizer aqui que são pessoas que recriminam as coisas que as perturbam pessoalmente e não por serem coisas que Deus reprova. Acredito que se Deus condenasse o sexo além da procriação ele teria deixado pelo menos meia linha proibindo. Mas não há! Tudo o que Deus reprova é claro; é abominável sexo de homem com homem, com animais, com parentes, filhos, nora e irmãos. Quando Jesus cumpriu a lei afirmou em Mateus 5:28. NTLH: "Mas eu lhes digo: quem olhar para uma mulher e desejar possuí-la já cometeu adultério no seu coração". Pronto! Não há uma linha que coloque cabresto em sua mente em relação às fantasias sexuais que contenha apenas a sua esposa. Eu tenho escrito alguns livros e, às vezes, fico meditando sobre grande parte de tudo o que todos os escritores escrevem, e a maioria deles desfaz ensinamentos errados, doutrinas, leis rígidas que proíbem e reprimem. Deus criou o sexo não apenas para reprodução, mas para o prazer do casal. O sexo é muito poderoso, quando falamos de suas sensações descrevemos traços indefinidos, ficamos no ar flutuando em ondas invisíveis de energia erótica com pasmosas sensações nervosas quem vêm da excitação. É uma atividade que desejamos repetir, repetir e repetir, porque promove extraordinário prazer. Se fantasiarmos nossas expectativas sexuais dentro dos limites de Mateus 5:28, ficamos protegidos de quebrar nossa fidelidade, e nos tornamos mais fortes e apaixonados pelas nossas esposas.

FANTASIA PRODUTIVA

Mais uma vez estou escrevendo um texto com o objetivo de desfazer conceitos errados sobre a área sexual da fantasia. Grande parte do que os homens aprendem sobre sexo aprendem de forma deturpada. A lista de itens sobre o aprendizado de sexo é de conteúdo totalmente machista. Vamos ver alguns desses mitos. Primeiro: O tamanho do seu pênis é primordial para o prazer da sua esposa. Segundo: Ela deseja fazer sexo com você toda hora que você mostra que tem uma ereção. Terceiro: Sua esposa fica excitada quando você fala que quer fazer amor. Quarto: A preliminar preferida dela é fazer sexo oral em você. Quinto: Sua esposa gosta de falar de sexo toda hora. Vamos parar por aqui... Tudo o que listei acima é praticamente o que os homens pensam ou já pensaram assim. A mulher tem uma biologia diferente, por isso ela não pensa como nós e também não foi ensinada sobre sexo como nós fomos ensinados. Não acabe com as suas fantasias limitando-as ao pensamento machista. Assim você não vai conseguir colocar em prática as suas fantasias com a sua esposa. O primeiro mito da minha lista é relacionado à ideia de garoto no início da adolescência, o qual pensa que tamanho é documento. Infelizmente, há muitos maridos que agem assim. Se sua esposa elogia o tamanho do seu pênis, tenha certeza de que é porque ela te ama e não que ela se sinta excitada com isso. Você se sente másculo quando sua mulher diz algo positivo sobre o seu pênis? Então, isso é para te deixar feliz e não para deixá-la excitada! Assim também é com as outras fantasias que você tem, que são, na maioria, baseadas exclusivamente na visão masculina machista. Se você tão somente fantasiar baseado em coisas que excitam você, isso o fará ser mais insensível às necessidades e desejos de sua esposa. A fantasia produtiva é aquela que te prepara para realizar o planejamento teórico da sua mente. Por exemplo, um caso corriqueiro: Você fantasia chegar em casa após o trabalho, e quando abre a porta sua esposa o está esperando vestida com apenas um robe de cetim. Ela te convida para sentar no sofá, imediatamente, e inicia carícias e beijos quentes. Você solta apenas o cinto e o botão da calça, abaixa o zíper e energicamente penetra sua esposa num rápido movimento, ofegantes ambos chegam ao orgasmo, quase que instantaneamente. Uma pausa para recompor a respiração normal, e adormecem ali mesmo, abraçados. Que viagem, certo? Isso muito dificilmente vai acontecer assim. Ao invés de fantasiar dessa forma, considere o seguinte: Após um dia de trabalho você chega em casa com uma sacola de presente. Dentro da caixa um par de sapatos daquela loja que sua esposa sempre elogia e um cartão escrito: para meu único amor. Você apresenta o presente e fica olhando com ternura, ela te dá um beijo agradecendo sua atitude. Você finge não estar interessado em sexo, mas por dentro gostaria de fazer ali mesmo, agora! No jantar você ajuda na louça e também deixa tudo pronto para os dois irem mais cedo para o quarto. Depois de apagar as luzes da casa e certificar de que as portas e janelas estão trancadas, você entra no quarto para enfim encerrar a noite. Mas se depara com a sua esposa deitada na cama, apenas com aqueles sapatos que você comprou para ela calçados nos pés. Na boca um batom vermelho vivo e brilhante que combina com os sapatos. Ela então faz um convite: "venha aqui que eu quero estrear estes sapatos com você".

Notou a diferença? A primeira fantasia baseada no que é mais comum do homem desejar. Uma imaginação que visa unicamente a própria satisfação, egoísta e previsivelmente machista, sem levar em conta as características da pessoa da mulher. Na segunda fantasia mostrei uma atitude que buscava alcançar as expectativas da mulher, ou seja, a forma como a mulher reage ao estímulo, e também em contrapartida, a gratificação natural de um casamento. Toda ação deve ter uma reação. Se o marido se comporta como um homem sensível à perspectiva da esposa, esta deve retribuir. Não para pagar, mas para construir um caminho que haverá mais eventos semelhantes a este. Quem planta compreensão, colherá retribuição. Quem planta egoísmo, colherá indiferença. A fantasia construtiva sempre verá os dois lados e não apenas autorrealização em detrimento do outro, "não procura os seus interesses" (1 Coríntios 13:5. ARA). Até para as fantasias que cabem somente em nossa mente é preciso trilhar um caminho seguro, e quando Paulo diz que o verdadeiro amor não procura seus próprios interesses não está impondo uma vida de dedicação de apenas uma via. Todos esses preceitos são para casais que desejam alcançar a promessa de uma vida incrível no casamento.

DESBLOQUEANDO OS SENTIMENTOS ERÓTICOS

O nosso corpo é um complexo sistema vivo, você pode treinar o corpo para ter mais resistência física numa corrida ou melhorar a resposta do seu raciocínio por meio de exercícios para o seu cérebro. Somos capazes de reprimir o choro, mas um dia explodimos em lágrimas, porque não é possível conter essa emoção para sempre. A raiva também podemos controlar, porém algumas reações são de pura fúria, porque há um limite de contensão. Mesmo que sejamos muito treinados para nos autodominar em várias situações, pode haver uma experiência específica que detona o efeito da cólera. E os sentimentos eróticos são feitos de energia, nem sempre podemos ter total controle. O sentimento é puro, ele é uma resposta biológica natural de um estímulo sexual. A intenção pode ser impura, o desejo também pode vir de um pensamento desvirtuado. Contudo, sempre cabe a sua consciência avaliar se determinada fantasia pode ser desfrutada ou se precisa ser suprimida para não trazer danos. O modo correto é treinar sua mente para discernir corretamente o estímulo sexual apropriado. É simples: Ele vem de um pensamento com sua esposa? Então continue. Ele vem de um pensamento com outra mulher? Então não continue! O estímulo pode ser externo, não de sua mente, mas de alguém falando sobre sexo, por exemplo.

Agora, você, ao ler este livro, sentiu o desejo de fazer sexo. Se for com sua mulher, então siga em frente. Lembrou-se de uma vizinha, de uma colega do trabalho? Então freie esse pensamento, suprima esse sentimento, pois assim ele não deixará que você faça algo não permitido. Entendeu? Veja outro exemplo: Uma imagem periférica ou direta de um casal num filme fazendo sexo. Você recebeu um estímulo biológico, químico, algo natural deixou você com desejo de fazer sexo também. Você quer fazer com sua esposa ou com outra mulher? É claro que você vai responder que quer fazer sexo com sua esposa, por isso seu pensamento está correto, discerniu impecavelmente. O cristão que foi envenenado com o ensinamento de que o estímulo só pode vir com um pensamento abstrato está em uma guerra que nunca vai vencer. Dificilmente o estímulo será oriundo da desconcentração ou de uma mente vazia de qualquer efígie ou *flash* sexual. O homem é suscetível ao estímulo vindo de um desenho feito a lápis de um par de seios. Imagine então ele vendo decotes das colegas de trabalho, da atendente do dentista, e de imagens espalhadas por todos os lados. Que carga injusta seria sobre nós se Deus dissesse: “Eu te fiz assim, mas você não pode se sentir estimulado por nenhuma ideia ou conceito que remeta ao erótico ou sexual”. Então, leitor, “não pode” significa bloquear algo que não temos controle algum. Contudo, Deus não quer isso, e em toda a Bíblia vemos o Senhor nosso Deus preocupado com apenas um quesito: a fidelidade. É sobre isso que o todo da Bíblia nos ensina. Quando a máquina biológica feita pelo criador entrar em ação, e através de estímulos experimentarmos o sentimento erótico, nós temos que ter o controle e colocar a esposa como figura central desse rio caudaloso de prazer.

Agora, desbloqueie suas fantasias eróticas, pense quais experiências quer ter com sua esposa, tire-as do pensamento e ponha-as em ação. Converse com seu amor, fale sobre suas fantasias, deixe que ela fale também sobre as dela. Tenho certeza de que são diferentes, pois as fantasias do marido geralmente são baseadas na sua virilidade, no desejo súbito e no prazer por prazer, isso não significa que não há amor. Como eu já disse, é o modo como o homem funciona. As fantasias da esposa em regra pedem envolvimento emocional, ela fantasia algo que confundimos com conceito comum do que é romântico, mas na verdade se baseia na conexão consciente de duas mentes. A esposa quer se assegurar de que o marido está sendo atraído pelo aspecto feminino e não pelo sexo por sexo. A esposa imagina o quadro da sua fantasia sexual sendo emoldurado pelo compromisso do amor, da segurança e da fidelidade. Quanto à pintura das fantasias sexuais, ela espera que seja combinada com a cor do consentimento. Nessa fantasia, o marido não a força para fazer o que ela ainda se sente desconfortável. A cor do consenso: A esposa imagina algo que seja bom para os dois, mesmo que ela não tenha prazer sexual, mas sabe que o marido sente prazer se ela aceita fazer o que o marido quer. A cor do aprimoramento: Que o marido seja mais detalhista em fazê-la sentir mais prazer. Há muitas outras cores, ela pinta seu quadro de fantasias, mas são matizes semelhantes, e cabe ao homem ajudar a esposa a explorar com tintas de outras cores, as masculinas. E isso não por imposição, mas por convicção de que o casamento é uma estrada de descobertas e há lugares que vocês precisam explorar, pois precisam crescer, mesmo que isso seja desconfortável. Cabe aos dois permitir que o outro saiba que pode mais. Todo esse esforço resultará em um relacionamento equilibrado, seguro, diligente, dinâmico e autossustentável e que perdurará em um estado de constante reinvenção.

Agora que as coisas estão mais leves e mais claras, um horizonte diferente se abre, não é verdade? Tenho certeza de que o marido se sente bem mais otimista, pois poderá desenvolver sua sexualidade com planejamento e não mais como algo que vai acontecendo por acontecer. Não é mais sonho, não se trata mais sorte ou um anseio isolado do marido. Se quiser, você pode até desenhar suas fantasias para sua esposa, mas cuidado para não parecer afoito demais. Ela deve ler este livro para também ser desafiada a desarrumar a cama com você.

Tornando as relações sexuais mais marcantes - Tarefa evolutiva para o casal

1. A culpa é um sentimento destrutivo, vocês têm algum sentimento ruim em relação ao sexo que praticam?
2. Há sentimento de culpa que impeça vocês de desenvolverem um pensamento sexual construtivo?
3. Se a fantasia é com o cônjuge, por que não realizá-la?

4. A consciência te acusa por ter fantasias sexuais com o seu cônjuge? Falem os dois sobre isso.
5. Comentem as fantasias sexuais que gostariam de realizar.
6. Algumas das fantasias comentadas na pergunta anterior são impossíveis de realizar?
7. Coloque-as numa lista e falem como seria realizá-las. O que de bom e ruim pode acontecer?

Exatamente, o que poderia contribuir para vocês darem passos para desbloquear a mente?

8. Treinem as dicas sugeridas neste capítulo para avançarem em uma fantasia.
9. Falem entre vocês mais vezes sobre as fantasias que vocês geralmente têm.

12 - Como liberar suas fantasias (Dayse)

Fantasias são pensamentos e desejos que vêm a nossa mente com o anseio de realizá-las, e é mais comum na área sexual. Sonhamos e imaginamos fantasias para alcançar nossos desejos mais íntimos e pessoais. Muitas vezes, o simples fato de contar as fantasias sexuais um ao outro, pode se tornar uma experiência saudável ao relacionamento e poderão ser desfrutadas ativamente, trazendo mais emoção à vida sexual do casal. Além disso, é também uma maneira indireta de comunicação entre o casal, a fim de ensinarem-se mutuamente como gostariam de ser tocados e acariciados sexualmente. Como foi mencionado no capítulo anterior, nosso corpo responde rapidamente às nossas fantasias sexuais: sensações de desejo de realização, bem-estar, arrepios e afabilidades viajam o corpo inundado de pensamentos provocados e elaborados com detalhes ricos e íntimos. E, ainda mais, a fantasia sexual ajuda a reacender romances desgastados pela rotina e pelo dia a dia atribulado e exaustivo. Se por um lado a função da fantasia está relacionada ao desenvolvimento de uma vida sexual saudável, por outro fantasias negativas e inadequadas podem alimentar nossos medos, preconceitos e traumas, além de impedir que seja desfrutada a prática sexual enriquecedora e plena do casal. A construção de fantasias desagradáveis pode impedir que o casal se entregue plenamente ao relacionamento afetuoso, pois tendem a inibir o anseio e o desempenho sexual. Nossos medos e vontades, mesmo que não racionais, podem se tornar fantasias precipitadas, causando decepções e até bloqueios sexuais. Por isso, é importante vigiar os pensamentos e aplicar a fantasia sempre relacionada ao cônjuge, como foi mencionado no capítulo anterior; se a fantasia for com o seu marido, continue e coloque-a em ação o quanto antes, se for com outro homem, bloqueei-a e peça ajuda se esses pensamentos continuarem.

Outro aspecto diz respeito à fantasia sexual em demasia, e sabemos que todo o excesso não é saudável e pode levar ao desenvolvimento da compulsão sexual. Isso se manifesta através de fantasias que se apoderam dos pensamentos do cônjuge, como uma excitação constante, da qual ele não consegue se livrar. A compulsão sexual ou, como é mais conhecido, o vício em sexo. Trata-se de um distúrbio capaz de embaraçar a pessoa em diversas extensões, como na profissão, na vida familiar e afetiva, e no meio social em que vive. Longe das fantasias, estamos falando de um sintoma sexual com sérios efeitos na pessoa, decorrentes de um comportamento compulsivo, que é considerado um transtorno indispensável a ser tratado como um distúrbio psicopatológico.

O limite que divide os benefícios da fantasia sexual dos seus males é claro. Ela aperfeiçoa a vida a dois quando é possível contar as fantasias ao cônjuge sem que haja culpa, constrangimento ou mágoas, mas que haja liberdade e intimidade aproximando ainda mais um do outro no relacionamento conjugal. Nesse caso, a fantasia torna-se possível para novas experiências sexuais, saudável, com perspectiva para uma vida de liberdade sexual criativa e prazerosa. Por outro lado, qualquer desequilíbrio de um dos cônjuges pode tornar-se um inibidor das possíveis práticas sexuais do casal. Por muitas vezes, já tivemos fantasias reprimidas por ainda não estarmos vivendo o momento certo para vivenciá-las e, por conta dessa situação, foi acionado um bloqueio mental para que elas fossem paralisadas, pois há um tempo determinado para todas as coisas. Isso me faz lembrar uma linda história de amor com Deus, que diz respeito a um casal que ministramos o seu casamento.

Eles aceitaram Jesus como Senhor de suas vidas quando já havia um determinado tempo de namoro. Eles eram bem jovens, e o que mais me chamou a atenção foi a atitude que eles tiveram para agradar o coração de Deus. Conforme eles foram conhecendo a Deus e Sua vontade, perceberam que o namoro deles não estava de acordo com a vontade de Deus, pois eles tinham vida sexual ativa. Sem ninguém dizer nada, mesmo porque eles ainda não haviam confessado essa intimidade do namoro, resolveram entre os dois se absterem das relações sexuais que mantinham até então. Era uma renúncia e todos sabem que não é nada fácil quando se está ativo nessa área. Esse período foi de um ano e sete meses, até que noivaram e se casaram. Na noite de núpcias, eles foram passar a primeira noite de *nova vida* em um hotel. Chegaram lá felizes e livres, pois agora estavam debaixo da benção e da graça de Deus para realizarem todas as suas fantasias. Mas a surpresa foi que eles se resguardaram tanto para não quebrar a renúncia que fizeram por amor a Deus, que houve um bloqueio inibidor que não permitiu que eles se relacionassem. Dessa forma, com toda a naturalidade eles resolveram descansar naquela noite. No dia seguinte, eles foram para casa e deram início a uma nova vida de amor, recebendo de Deus todo o cuidado e recompensa por estarem fazendo a vontade do Senhor. Perceba que em suas mentes eles bloquearam o ato e desejo sexual por um determinado tempo e em comum acordo. Esse bloqueio não inibiu a vida de liberdade que eles conquistaram após o casamento, eles conseguiram realizar os desejos saudáveis que havia em seus pensamentos, porque agora eles estavam livres para colocá-los em prática. Muitas vezes, quando estamos livres para executar um desejo colocado por Deus, há o bloqueio inibidor, o qual afirma que aquele desejo é pecado, imoral ou nocivo. É preciso identificar as vozes, que têm como fazer com que fiquemos sujeitos a elas, a fim de não usufruirmos da plenitude de liberdade sexual que Deus deixou para o casal após o casamento.

JÁ IMAGINOU EM COLOCAR SUA FANTASIA EM PRÁTICA?

Quem é que nunca sonhou com uma noite memorável de amor e entrega junto à pessoa amada e desejada? Cenas românticas, como um jantar à luz de velas, praias isoladas paradisíacas a dois, uma fazenda junto à natureza das plantações ou sexo arriscado em lugares não comuns, são alguns dos muitos exemplos que inundam os pensamentos dos amantes apaixonados. Podemos comparar a fantasia sexual a um "sonho acordado", que, por ser mais ordenado, é composto de cenários ricos em detalhes e minúcias permitindo ao casal brincar com o imaginário: ambientes sensuais e enredos encantadores acabam por despertar a vontade de sua realização. Ao manter a disposição criativa sexual, o casal pode se surpreender consigo mesmo, pois é estimulada uma fantasia saudável, comum entre os casais, mas que não imaginávamos trazer tantos benefícios. A realização dos desejos passa pelo que foi fantasiado, é no movimento dos pensamentos desejosos que nos dirigimos à satisfação. Por que então desprezar ou não dar importância às fantasias, como sonhar acordados e que foram desejados algum tempo atrás, quando não era possível realizá-los, mas que no momento estão liberados para serem realizados? Converse com seu marido sobre suas fantasias, o desejo de realizá-las, da forma como você sonhou e gostaria que fosse. A satisfação de viver esses sonhos vai uni-los ainda mais, trará mais intimidade e conhecimento para o relacionamento. Sua fantasia e desejo foram com ele, então é com ele que deve ser realizado, e com certeza ele também deve ter fantasias a serem realizadas com você. Pergunte a ele como você pode ajudá-lo a realizar esse "sonho acordado". De repente, investir em alguma lingerie, cores quentes, alguns adornos para enfatizar a sua beleza natural, um ambiente totalmente diferente onde vocês estão acostumados, talvez à beira da piscina onde ninguém pode vê-los, talvez em uma chácara que só as montanhas e árvores serão a única plateia. Sabemos que a mente do homem é muito criativa, então viaje com o marido nessa fantasia, não permita que um desejo seja inibido pela vergonha, indisposição ou descaso, ou falta de interesse em satisfazer e realizar um desejo do seu marido. Surpreenda ele com um corte de cabelo, um batom vermelho, um *baby dool* e um salto alto quando ele chegar do trabalho; tudo bem, talvez tenha que ser uma coisa de cada vez, não tem problema, o importante é surpreendê-lo e satisfazer as fantasias que ele tem com você. Comece com o batom e a lingerie, depois você parte para o salto, mas o importante é seu marido sentir que suas fantasias, compartilhadas com seu amor, estão sendo atendidas com esforço, investimento e dedicação. O investimento é muito importante, não apenas o financeiro na compra de uma meia 7/8 com renda no acabamento, uma camisola de alça com um decote ousado, um sapato que o agrada, um batom da cor que ele sempre desejou, mas também o investimento do tempo para se preparar com a depilação, o banho, a hidratação corporal, um perfume com fixação prolongada, o local escolhido para o amor, o aromatizador de ambiente, um jantar com o seu prato predileto em uma mesa atraente e sofisticada, com pratos que talvez estejam guardados para uma visita, guardanapos de tecido com argolas, você mesmo pode fazer com um colar de pérolas, pétalas de rosas no caminho que ele fará ao entrar no ambiente, não necessariamente em sua casa, até a cama com lençóis limpos e bonitos... Enfim, é só colocar a imaginação para funcionar, sem colocar empecilhos na situação, evidenciando as dificuldades para dificultar que a fantasia do seu amor com você seja realizada da forma mais sublime e natural. Fujam do básico. Tragam à tona os desejos e contribua para uma relação sexual mais prazerosa.

AS FANTASIAS NÃO SÃO SINAIS DE QUE O AMOR ESTÁ DESGASTADO

Em um encontro com as amigas, falando sobre fantasias sexuais, Joyce comentou que fantasiava com o marido. Uma delas a questionou, dizendo que, por Joyce estar há muitos anos casada, eles agiam dessa forma porque acabou o amor entre eles. Joyce discordou delas e afirmou a certeza e convicção do seu amor pelo seu marido dizendo: "Amo muito o meu marido e, por isso, penso que nós devemos inovar, reinventar, a fim de manter nosso casamento aquecido".

As fantasias sexuais podem até parecer um assunto corriqueiro, mas ainda há muitos casais que não falam sobre elas. Há cônjuges cheios de desejos e vontades reprimidos por puro constrangimento, vergonha e preconceito. Eles ficam imaginando o que o cônjuge pode pensar a respeito disso e têm receio de que ele se decepcione. Porém, como foi mencionado no início deste capítulo, a fantasia sexual é absolutamente saudável desde que não prejudique o outro nem a si mesmo. É bom lembrar que ela pode ser prejudicial se o cônjuge aceitar o desafio apenas para satisfazer o marido ou a esposa, sentindo-se desconfortável com essa situação. Nem todas as fantasias precisam ser realizadas. É muito importante a comunicação entre o casal, para que um sonho acordado não se torne um pesadelo para nenhum dos dois. As fantasias sexuais são uma das opções para fortalecer a relação do casal, através do estreitamento dos laços de intimidade. Também fazem com que o casal se sinta mais desejado, alimentando a autoestima individual. Por fim, faz se sentirem bem quando aumentam a intimidade e o desejo do casal. A rotina do casal é cheia de afazeres e tarefas, e os dois precisam se manter unidos para que essas coisas não os deixem desanimados, desmotivados e desabem na rotina!

Tornando as relações sexuais mais marcantes - Tarefa evolutiva para o casal

1. O que é fantasia sexual?
2. Você tem alguma fantasia sexual de preferência?
3. Há alguma fantasia sexual que gostaria de fazer, mas não há diálogo para propô-la ao seu cônjuge?
4. Seu cônjuge tem algum desejo reprimido por você?
5. Qual é o limite que divide a fantasia sexual de algo prejudicial para a espiritualidade de vocês?
6. Um desejo deve ser satisfeito mesmo que cause constrangimento ao cônjuge?

7. Quais fantasias sexuais vocês se sentem inibidos, e ainda não conseguiram realizar? O que os impede?
8. Respondam: Se o casal não fantasia é porque o amor deles está desgastado?
9. Todas as fantasias precisam ser realizadas? Se não, isso é um sinal de que estão perdendo o vigor sexual?
10. É preciso fazer uma agenda para colocar as fantasias em prática, ou deve-se deixar acontecer?

13 - Era proibido, agora é gostoso! (Ricardo)

Este capítulo é uma grande bola demolidora feita de ferro maciço. "Desconstruir" é uma palavra usual que reflete o que estamos convencidos por experiência, e também pela orientação de Deus em relação à missão do nosso ministério com casais, que é desproibir o que foi proibido. Um casal sempre será tentado a experimentar algo que foi proibido. Por quem? Boa pergunta! Algumas proibições foram verbalmente proferidas. Outras fazem parte da nossa consciência, mas não sabemos como foram parar ali. O fato é que essas proibições torturam a pessoa por meio da culpa, acumulam o estresse, e a energia dessa pressão desgasta o casamento aos poucos, apagando as expectativas que os noivos tinham de viverem juntos. Imagine você que o sexo é como um pão, e que estas proibições impedem as centenas de opções de recheios que podem ser postas nele. Um marido que aconselhei se sentia desconfortável com a nudez da esposa. Mas era uma posição específica que ele a via e que o fazia se sentir incomodado. Quando ela ficava por cima na relação sexual, ou de costas, ele via o órgão sexual da sua esposa, e isso o deixava péssimo. Parecia-lhe errado apreciar essa vista, aceitar e desfrutar o estímulo sexual que isso provocava nele. Você deve estar pensando que não há nada de mais olhar para ter prazer. Sim, não há problema nisso, mas para esse marido causava-lhe culpa. Ele me disse que quando era menino tinha curiosidade de saber como era uma mulher de verdade, nua. A curiosidade o levava a espiar meninas no banheiro da escola e até primas e irmãs. Isso era errado e ele sabia, entretanto ele tinha nesta prática uma fonte de prazer. Um prazer fruto do roubo das imagens que ele capturava com seus olhos nas espreitas. O tempo passou e ele deixou de fazer isso, aceitou o fato de que era extremamente errado o que fazia. Isso criou uma marca silenciosa. Quando ele se sentia excitado ao olhar sua esposa na posição que descrevi, ele se sentia mal, pois parecia que ele estava espiando sua esposa. Quem disse que era proibido usar os olhos para extrair prazer do visual do corpo da esposa? Ninguém! No entanto, estava presente, naquela situação, a sensação de que ele estava roubando a imagem do órgão sexual de sua esposa.

REVEZAMENTO

O casal que busca verdadeiramente crescer precisa adotar o comportamento de revezamento. O objetivo é desintoxicar o cônjuge das proibições que algumas pessoas causaram a ele, e daquelas que ele mesmo causou para si. Este livro pode ajudá-lo muito, porém aceite conversar com um conselheiro, pois isso pode trazer uma resposta específica para detalhes que são percebidos somente se ouvirmos o aconselhado. Vou contar-lhe um pouco sobre outro casal que aconselhei. O marido aceitou conversar comigo junto com a esposa sobre o vício de se masturbar assistindo filmes pornográficos. Ele tinha muita energia sexual e procurava sua esposa frequentemente. O trabalho dos dois trazia um efeito negativo no casamento por conta do horário, era como no filme *O feitiço de Áquila*. Ela trabalhava de dia e ele à noite, resultado: Quando ele chegava em casa cansado de uma noite de trabalho, ela já tinha saído para trabalhar. E quando ela chegava cansada de um dia de trabalho o marido estava de saída para o seu trabalho. Com essa agenda eles tinham grande dificuldade de ficarem juntos, não tinham tempo para ajustar o relacionamento, para conversar, discutir algo sobre a casa, a filha ou o sexo. Por causa dessa condição, a relação sexual do casal ficou com um intervalo considerável. Sabemos que quando não damos o nosso melhor ao cônjuge, podemos dá-lo a outra pessoa, e foi o que aconteceu. O marido começou a se masturbar substituindo o sexo regular, ele usou a pornografia como combustível para suas fantasias de prazer solitário. Um dia... sempre um dia... ele também foi flagrado pela esposa se masturbando assistindo a um filme pornô. Isso interferiu no sexo do casal, ele sentia acusação e remorso, e a relação sexual se tornou um peso por causa da culpa daquele erro. Extremamente envergonhado, ele tinha dificuldade de fazer sexo com a esposa. Depois de uma boa conversa com a esposa, os dois acharam que seria melhor conversar com alguém de fora. Quando nos sentamos para o aconselhamento, o marido confessou que as imagens das mulheres do filme vinham-lhe à mente quando fazia sexo com a esposa. O que eu achei positivo na esposa foi que ela não o fazia se sentir um adúltero pervertido. Ela, cristã, dizia que não iria perder seu marido para as mulheres dos filmes. Ele a amava, porém, sua mente ficou afetada pela pornografia pelo grande uso dela. No capítulo sobre fantasia sexual eu falei que treinamos nosso cérebro com o tipo de alimento que damos a ele, ou seja, se repetirmos um comportamento ele se tornará um hábito. Esse hábito ficará muito mais aprofundado quando provocado por um comportamento emocional, no caso, a repetição de um comportamento sexual. Para corrigir o descarrilamento do trem do casamento passei um exercício simples para que o casal fizesse, mas como preliminar e não para substituir o sexo regular. Ele iniciaria se masturbando e olhando para ela, e ela assumiria a posição de espectadora, e ele atuante. Depois, eles deveriam revezar. Ele ficaria de espectador e ela atuante. Sempre com contato visual, para assim imprimir uma nova marca que apagasse a outra, e nunca para substituir uma relação completa, apenas como preliminar.

Muitos podem recriminar minha atitude e dizer que o que eu deveria fazer era tratar aquilo como o pior pecado, punir o marido dando um esculacho na frente da esposa, fazendo-o sentir o quanto ela foi humilhada por ele se masturbar com aqueles filmes. Esse é o erro das pessoas e dos líderes, julgar que o problema se restringe somente à parte que cometeu a falta. Na verdade, o problema é dos dois, não importa se apenas um teve seu pecado revelado. Na maioria dos casos ambos contribuíram de alguma maneira para aquilo acontecer. E foi como eu agi. A esposa já tinha recebido esse discipulado, e agiu exatamente assim. Ela se sentiu responsável pela situação. Embora não justifique seu marido, a negligência sexual ou a condição de vida de ambos propiciou uma oportunidade para que a falta do marido ficasse mais evidenciada que a falta da esposa. Mas qual é o pecado da esposa? Você deve estar pensando. Nenhum, aparentemente. Ela é um tipo de pecadora passiva, mas não tão passiva, ela foi atingida porque é uma só carne com o marido. Isso a afeta porque o seu marido está doente. Não pela culpa da intenção da esposa de jogar o marido no pecado sexual do prazer solitário. Porém, os dois sentem o peso da situação. Não há alegria verdadeira no lar, eles não estão se relacionando como deve ser, sem barreiras e livres. Por isso, o problema é dos dois. Depois de um tempo eles afirmaram que estavam livres da culpa, e com a alegria retomada conseguiram crescer sexualmente e vencer as barreiras que se levantaram. As tarefas que dei ajudou esse casal a vencer a vergonha que o pecado havia jogado para os dois. Eles me contaram que no início havia constrangimento. Ele sentia vergonha do pecado e ela a suspeita de que as imagens pornográficas residuais na mente do marido ainda seriam seu combustível. Desproibir o que foi proibido, essa foi também a atitude da esposa. Sua misericórdia fez com que o marido não se sentisse o maior pecador de todos. Ela não aceitou a cultura impregnada dentro da comunidade evangélica que diz que é proibido dizer que o seu pecado não é tão grave assim. Se a Bíblia diz que há pecado para morte e outro que não é para morte, então não é proibido dizer a um pecador que se sente digno da tempestade que está passando pela própria culpa: "Olha, isso não é tão ruim assim!". O comportamento de revezamento permite que um dos cônjuges fique na condição de espectador assistindo o outro ter prazer da forma que ele quiser. Esse casal ainda ficava alguns dias sem sexo por conta da dinâmica do dia a dia. Eles então fizeram um acordo: ele podia se masturbar para aliviar a tensão, desde que pensasse nela. Dentre os vários assuntos que abordamos no aconselhamento, que não está exposto aqui para não parecer que apoiamos apenas esse tipo prática dentro do relacionamento sexual, abordamos que o sexo não é apenas alívio com o recurso da masturbação, pensar assim deixaria o propósito de Deus para o sexo em baixíssimo nível. A masturbação não deve ser pensada como um meio completo de satisfação, mas temporária e incompleta, porém, às vezes, necessária para liberação física. Uma bola demolidora, não é mesmo? O casal teve a vida sexual revigorada e o casamento também. Isso ajudou este casal, e pode aliviar e curar marcas das proibições que são apenas preceitos e imposições de pessoas que se limitam a leis, doutrinas vagas ao pé da letra que foram interpretadas erradas. Marido, use o comportamento de revezamento para sugerir e desafiar sua esposa a aceitar desproibir algumas proibições. Faça o mesmo, aceite que ela diga o que você deve desproibir.

Um pensamento que sempre tenho diante de algumas lutas em minha mente é me perguntar o que eu faria se não tivesse determinado freio diante de uma situação. Aconselhei um casal no começo de seu casamento que enfrentavam lutas na área sexual, pois eles ficavam paralisados diante de uma porta com medo de entrar e ofender a Deus com uma prática sexual incomum. O marido sempre trazia novidades, ideias, sugestões e desafios, e uma delas era a de levar sua esposa para um motel. Eles tinham o freio da orientação religiosa de que o motel é um lugar de prostituição. Eles foram ensinados que frequentar o local era tornar-se conivente com os pecados praticados ali. Ambos refreavam-se com os seguintes argumentos que afirmavam a proibição: Quantas pessoas traem seus cônjuges naquelas camas? Quantos casais cometem fornicação naqueles lençóis? Quantos demônios são atraídos com práticas de orgias, sodomia e outras coisas ali? Pensando assim, realmente não há como ir a um motel. Vamos jogar aquela bola de ferro e destruir esse freio! Não vou dizer um argumento que ouvimos muito para desfazer e dita proibição que é baseada no texto bíblico de Josué 1:3. ARA, que diz: *Todo lugar que a planta dos vossos pés pisarem Eu vos dou, como prometi a Moisés.* É frágil dizer que isso deixaria o lugar apto para o casal se divertir naquele local. Aliás, tanto o que condena como o que absolve são argumentos sem pé ou cabeça. Somos levados a acreditar que seja proibido porque o primeiro ensinamento foi este. Decidimos frequentar uma igreja após nos tornarmos cristãos, porque confiamos que ali estão sendo ensinadas as verdades que desconhecemos sobre Deus. Infelizmente, algumas igrejas introduzem um pacote de doutrinas embrulhadas com uma embalagem escrita, "verdades". Esses "princípios" são inculcados e passam a ser o filtro em nossas ações. Não há outra maneira de desfazer isso sem um esforço consciente e repetitivo. Sua razão precisa ser despertada nesta posição, recusar frear, raciocinar e agir decidido, convencido por meio da razoabilidade. Deus não proibiu você de usar dinheiro porque essas notas são usadas para todo tipo de compra. Comprar drogas, serviços de sexo, pagar propina, usura etc. Mas o defensor da ideia de proibir a ida a um motel pode argumentar que trabalhou para ter aquele dinheiro, ele veio de forma lícita. Obrigado por dizer isso! O pecado não está nas coisas, mas na ação. O pecado não está no motel, mas naquele que pratica a ação do pecado no motel, no banheiro da escola, no taxi, na praia, e até na igreja. Pense no copo americano do bar ou da padaria. As pessoas usam um mesmo copo para beber uma bebida alcoólica com o objetivo de se embebedar. E se você for servido com um refrigerante ou café com leite neste copo, você está sendo conivente com os pecados dos outros? Pode ser que por causa da força que você acreditou nas várias doutrinas de usos e costumes, dificilmente aceitará uma contestação com algumas linhas. Você foi fiel no que estava sendo ensinado. Porém, chegou o tempo de mais luz na vida de vocês assim como também chegou às nossas vidas. Seja razoável, simplesmente fure a bexiga frágil dessas proibições. Este casal foi aconselhando a não ofender a consciência um do outro. Pois alguns maridos, por causa da impaciência e da insensibilidade, acabam ferindo emocionalmente suas esposas. A mulher pode se sentir suja e perder a comunhão plena com Deus por entender que perdeu a pureza. Ou o contrário, assim foi o caso de um casal em que a namorada constrangia o namorado a fazer sexo anal com ela, ambos eram da igreja, o rapaz ficou muito traumatizado, ele se sentia culpado e sem força para vencer o grilhão do pecado da fornicação.

A Bíblia nos orienta a não se precipitar respondendo aos impulsos egoístas em querer fazer algo forçado e sem a concordância do cônjuge, veja isso em 1 Coríntios 10: 23-24. NTLH: *Alguns dizem assim: 'Podemos fazer tudo o que queremos'. Sim, mas nem tudo é bom. 'Podemos fazer tudo o que queremos', mas nem tudo é útil. Ninguém deve buscar os seus próprios interesses e sim os interesses dos outros.* Note que o amor é a base para conduzir a vida sexual do casal. Isso é, de certa forma, ser romântico. O romantismo que não é para impressionar ou se exibir: "olha como sou romântico, olha como sou sensível, sentimental e afetuoso!". Uma conduta altruísta e solidária, contrária do cônjuge que tem comportamento individualista e interesseiro e que fala algumas coisas para conseguir o que quer e não por verdadeiro sentimento. Observe como Paulo orientou a igreja no texto de Romanos 14:14. NTLH: *Por estar unido com o Senhor Jesus, eu estou convencido de que nada é impuro em si mesmo. Mas, se alguém pensa que alguma coisa é impura, então ela fica impura para ele.* O apóstolo se refere a um ensinamento de proibição de alimentos pelo judaísmo, mas que estavam livres desta lei. Não é possível sequer comparar as leis de Moisés, promulgadas pelo próprio Deus, e que foram desfeitas por superior Aliança (Hebreus 8:6-7), com essas doutrinas das igrejas de hoje, doutrinas de usos e costumes, que são baseadas em interpretações distorcidas, como eu disse, pois foram feitas por pessoas que se incomodam pessoalmente com determinado assunto, e não que haja respaldo.

A questão do casal que estava enfrentando a dúvida sobre desproibir o proibido de ir ao motel foi resolvida assim: após ouvirem meu argumento sobre o ensinamento de Paulo, eles concluíram e concordaram que a opção de irem ao motel não comprometeria a fé deles em nenhum aspecto. Eu também aconselhei que eles respeitassem a consciência daqueles casais que não aceitam essa ideia, baseado no texto de Romanos 14:22. AM: *Cultivem o relacionamento com Deus, mas não o imponham aos outros. Vocês serão felizes se seu comportamento e sua fé forem coerentes. Mas, se não estão seguros, se percebem que estão agindo de modo incoerente com o que creem – às vezes tentando impor sua opinião ou apenas agradar –, vocês estão errados. Se seu modo de viver não condiz com o que vocês creem, então está errado.* Orientei que guardassem essa opção apenas eles, não fazendo propaganda para outros casais e, assim, salvaguardando o direito dos outros permanecerem como estão sem serem desrespeitados, afrontados ou ofendidos no que creem. A bola de ferro demolidora arrasou mais um conceito errado de regras sem proveito virtuoso. Infelizmente, essa doutrina ainda impõe jugo e culpa em muitos casais. O casal foi se divertir em um motel com quartos temáticos. Juntos venceram uma etapa que freava o crescimento conjugal, agora eles se sentem livres para derrotar outras barreiras que engessa o relacionamento sexual. Cristo não nos quer escravizados por ímpetos sexuais, e nem tampouco frustrados por causa da falta de conhecimento do seu verdadeiro propósito para nós.

Tornando as relações sexuais mais marcantes - Tarefa evolutiva para o casal

1. Existe algum fato da sua infância que hoje lhe causa culpa quando se relaciona com o seu cônjuge?
2. Fale para seu cônjuge sobre esse fato com o objetivo de desconstruir o fator negativo que age no relacionamento de vocês.
3. Se você deseja realmente crescer nesta área, desconstruam hábitos danosos que causam vergonha de conversarem ou de se relacionarem sexualmente.
4. Vocês doam o melhor que possuem, mutuamente, no sexo? Quanto de energia vocês não empreendem no sexo? Pouca energia, média ou muita?
5. Se algo causou tristeza em vocês no passado ou recentemente, já conseguiram com o perdão restaurar a força do sexo?

6. O perdão é uma ferramenta que abre portas que se fecharam no relacionamento conjugal, em todas as áreas. O que vocês pensam sobre isso? Vocês praticam o perdão?
7. Conversem sobre coisas que precisam ser desproibidas. Há algo que vocês ainda não chegaram a um acordo?
8. Você está forçando o seu cônjuge a uma prática sexual que ele não quer? Há um motivo físico, higiênico, moral ou religioso para ele negar?
9. Você aceitaria uma alternativa na área sexual para substituir aquilo que o seu cônjuge fica incomodado? Por respeito ao "ser" dele, e também pelo que ele representa para você?
10. Conversem sobre algum conceito que tem emperrado o desenvolvimento sexual, cujo objetivo é questionar como isso nasceu e o objetivo desse conceito.

14 - Cama todo dia só a posição que varia (Dayse)

Na rotina do dia a dia muitas vezes a relação sexual tem desistência por causa do tempo e do cansaço da semana. Na verdade, não deveria haver desistência, visto que o ato sexual não precisa necessariamente de um ritual que leva tempo e muita disposição. Lógico que um amor bem feito, com minúcias, leva tempo, dedicação e disposição, porque há todo um preparo de carícias, no ambiente, no corpo, palavras que são sussurradas no ouvido, o deslizar das mãos no corpo, as brincadeiras e risadas que são tiradas neste tempo, as posições que podem ser variadas, os lugares que podem ser inovados mesmo dentro de casa. Porém, nem todos os dias o ato sexual pode ser com toda essa qualidade por conta da rotina, do cansaço, das preocupações, dos imprevistos e assim por diante. Então, o que fazer nesse período? Não fazer, desistir? Claro que não, o ato sexual é uma linguagem de amor, comunicação e interação do casal, por isso ela não pode acontecer apenas quando há tempo e condições disponíveis, sem contar que o sexo é uma necessidade fisiológica do casal. Quanto tempo você consegue segurar o xixi, ou quantos dias você fica sem fazer o número 2? É certo que há pessoas que passam até uma semana sem fazer o número 2, mas isso não pode acontecer na relação sexual do casal. A relação sexual é um abrangente de coisas que não pode deixar de ser uma frequência no casamento. Muitos casos de adultérios que já acompanhamos não acontecem de repente. Sabemos que Satanás não tem pressa em armar as suas armadilhas e também é campeão em estratégias. Por isso, é necessário porção dobrada nesse quesito. Ninguém acorda pela manhã e diz: hoje o dia está propício para um adultério, acho que vou adulterar! Não! As circunstâncias para que isso aconteça surgem do resultado das consequências de negligência do dia a dia na vida do casal. E essas negligências surgem porque muitos casais pensam que só um sexo "com qualidade" pode ser feito e que, muitas vezes, durante a correria da semana, isso não é possível. Claro que seria maravilhoso se no cotidiano fosse possível se relacionar sexualmente com o cônjuge de forma complexa e sem preocupação com o tempo e o cansaço, seria realmente um paraíso, A Lagoa Azul; porém todos sabem que a realidade é totalmente outra. A mulher tem jornada dobrada em muitos casos e quando trabalha em casa, não tem pausa para o descanso, porque o trabalho de casa parece não ter fim. Quando se tem filhos a correria dobra em preparar as refeições nos horários, levar para a escola e atividades extracurriculares, acompanhar nas lições de casa, não descuidar para que não tenha "aprontes", deixar as roupas em dia, principalmente uniforme escolar. Quando a esposa trabalha fora, tem que deixar esquematizado tudo isso com a pessoa que vai ficar com a criança. Muitas vezes levanta-se mais cedo para deixar o filho na escola, na casa da mãe ou com a pessoa cuidadora. E quando chega em casa após um turno de trabalho, tem que realizar todas as obrigações que relatei acima ou boa parte delas. Eu sei muito bem o quanto é desgastante esse período enquanto os filhos são menores, depois que crescem são outros tipos de cuidados, mas a preocupação não tem fim. O marido, por sua vez, tem seus compromissos na maioria das vezes fora de casa e enfrenta dificuldades já no caminho encarando trânsito no percurso para o trabalho, tem suas preocupações e responsabilidades com a provisão e o sustento da casa. Como um casal nesse padrão se encontra no final do dia, cheio de amor e excitação? Acredito que nem todos os dias a necessidade fisiológica fala tão alto, visto que repor as energias com o descanso também é importante e necessário. Então como fazer com a relação sexual nestes dias exaustivos, que até existe o desejo, mas muitas vezes não há força para praticá-la?

Havia um casal em que os dois trabalhavam fora e, embora houvesse uma pessoa para cuidar da casa, quando chegavam do trabalho dividiam as tarefas que ainda restavam, como preparar a refeição e cuidar das roupas sujas. Depois de tudo resolvido, um pouco de lazer assistindo a um programa de TV, eles se recolhiam ao quarto já sonolentos. Todos sabem que a fome e o sono alteram o humor e neste momento o marido muitas vezes "desistia" do relacionamento sexual pela indisposição e muitas vezes o mau humor da esposa, quando ela imaginava que no dia seguinte acordaria muito cedo e tudo começaria novamente. Com isso eles chegavam a ficar até 15 dias sem sexo! Uau, como deveria estar o relacionamento deles?

Porque a falta de sexo, sendo uma necessidade do organismo, também causa desconforto no humor, sabemos que a atividade sexual, além de muitos benefícios, ela também é relaxante. Conclusão, o casal brigava por qualquer coisa no pouco tempo em que estavam juntos e não faziam amor por estarem brigados e brigavam por não fazerem amor. Nessa condição tudo ficava estressante e todas as situações levavam a um novo desentendimento. Até que um dia foram buscar ajuda e foram aconselhados a serem mais sensíveis às necessidades um do outro. Eles revisaram a rotina e priorizaram mais o tempo juntos do que os afazeres domésticos.

Como proceder com a relação sexual em uma rotina que não há muito espaço para esse momento? Primeiro, é importante lembrar que o mais importante no casamento é o relacionamento do casal. É importante e necessário entender que é preciso ter diálogo, um tempo para saírem a sós, um tempo para falar sobre o dia, um tempo para darem risadas juntos e um tempo para se amarem. Talvez seja necessário o casal rever as prioridades para perceber o que poderia estar ocupando o tempo deles estarem juntos, nada pode ser mais importante do que isso, nem os filhos. Como assim? É lógico que os filhos ocupam um espaço importante e prioritário na família, mas eles não devem ocupar o espaço de tempo que seria para o casal. Pense em como será o relacionamento de um casal que não se fala, não sabe o que está acontecendo com o outro, não se diverte, e isso não precisa de muito tempo e nem de dinheiro, um sorvete na padaria mais próxima, ou assistir a um filme juntos em casa mesmo; pais que não se divertem não são divertidos para os filhos. Um casal que não tem uma vida "em comum", não vai poder oferecer um relacionamento saudável e de qualidade para os seus filhos; portanto, é importante o casal não abrir mão desse tempo para beneficiar não apenas o próprio filho, mas também a família. Talvez haja dias em que a esposa não esteja tão interessada em se relacionar sexualmente, como já mencionamos em capítulos anteriores, a mulher se relaciona com a emoção, mas isso não deve ser motivo para não se relacionarem sexualmente. Por amor e desejo de suprir a necessidade do cônjuge, sabendo que isso o fará feliz e realizado, ela pode ceder mesmo sem estar disposta ou com apetite, por isso é importante o diálogo, ela precisa dizer que não está disposta, mas que vai satisfazê-lo mesmo assim, e ele a compreenderá a ponto de não exigir posições e declarações naquele dia. É muito comum haver uma boa reação nesse caso, mesmo que comece sem apetite e até um pouco frio, se o cônjuge se deixar levar, livrando-se das pressões para aproveitar também daquele momento, acontecerá. Muitas vezes, é preciso ir contra o nosso estado de ânimo. A chave para o casal conseguir tudo isso é o diálogo e a liberdade de expressão entre os dois. As decisões na área sexual devem ser tomadas com abertura de diálogo e num ambiente de liberdade entre o casal para resolverem as dificuldades. Cada cônjuge deve ter a liberdade de expressão sobre suas necessidades, o que quer, o que gosta, o que precisa e o que o deixa satisfeito, sem imposição. Nada do que é imposto tem bons resultados, no amor não deve ter exigências, mas oferecimentos. Quando acontece a liberdade de um dos cônjuges se abrir com o outro, será recebido com amor e entendimento sem julgamento. Se "não estiver a fim" ocorrer ocasionalmente não há problema algum, porém não se pode tornar um hábito o desinteresse de um dos dois, se ocorrer isso com frequência, procurem juntos as razões, mas se não conseguirem procurem ajuda. Não há normalidade nesse caso.

Uma das dificuldades para resolver problemas na área sexual, é a sensação frustrante de achar que todos os outros casais têm uma vida sexual plena e esse caso só acontece com você. Uma das formas de "driblar" o cansaço e a indisposição, é planejar o dia do sexo, parece estranho, mas não é uma má ideia. Assim, eles estariam preparando o dia para se dedicarem mais um ao outro. Durante o dia eles poderiam trocar mensagens e fotos lembrando um momento bom que tiveram, demostrando o desejo de algo ou alguma cena que marcou um tempo bom desejando que se repetisse. Então, haveria um preparo maior para que vocês ficassem mais tempos juntos sem as responsabilidades e afazeres rotineiros que causam estresse e cansaço. Poderia ser programado para alguém ficar com as crianças, separassem um filme ou algo que um dos dois tem preferência. As noites planejadas são ótimas e dessa forma há um preparo emocional para as coisas acontecerem com espontaneidade, é uma forma de dar importância para o relacionamento sexual do casal.

Muitos casais alegam que não têm tempo para o sexo. Entretanto, na maioria das vezes, isso acontece porque eles não separam tempo. (Jim Boston, terapeuta psicossexual)

SEXO DIARIAMENTE EXISTE?

Como mencionei anteriormente, muitas vezes há desistência de fazer sexo, por conta da vida agitada, e quando nos sentimos abatidos não usufruímos completamente de uma vida sexual desejável. Mas como mudar essa situação de frustração? Além da maneira de separar "o dia do sexo", é possível o casal ajustar a forma de se relacionar sexualmente. Claro que um sexo com tempo e qualidade é muito bom e se torna necessário na vida de um casal, porém há outras formas de não acumularem esse desejo por longos dias pelo estilo de vida que vivem. O sexo não precisa ser necessariamente na cama, com todos as preliminares, carícias, ambiente apropriado, várias posições e começar no final da noite quando já não há força disponível para mais nada. Não estou dizendo aqui que essa forma de fazer amor deve ser única e para todo o sempre amém. Não! Seria uma alternativa para que o casal se relacione sexualmente com mais frequência, vencendo a rotina e o cansaço que se acumula com ela. Através do diálogo e da liberdade de expressão que o casal deve ter, pode haver uma estratégia para que o sexo possa ser feito diariamente sim. Mas isso não acontece somente nos livros e romances? Não! Isso pode acontecer com você e seu cônjuge naturalmente, basta estarem em comum acordo. O sexo normalmente começa com carícias, é muito importante o cônjuge entender e conhecer o que seu amor gosta e tem desejo, então faça aquilo que o agrada e não o que você gostaria de fazer ou receber. Lembre-se de que o casamento maduro é tornar o outro feliz e não tentar ser feliz. Vocês podem separar um tempo para assistirem um filme, ou jantar juntos, e nesse tempo haver demonstração de carinho sem limites, com gestos ou atitudes. O toque é muito importante nesse momento para que o cônjuge se sinta amado e priorizado. Talvez o filme não seja da sua preferência, nem a comida, ou até mesmo o local onde vocês estão comendo, mas não se esqueça de que a sua missão é fazer o outro feliz e satisfazer as suas próprias necessidades sem biquinho ou picuinhas. Depois de um bom papo, ou filme, ou jantar, procurem se recolher mais cedo do que o normal, para que o sono e o cansaço não alcancem vocês antes. Pode ser que nada aconteça sexualmente falando, embora ache difícil, pois todo o ambiente está propício para um amorzinho, mas se não acontecer, não se sinta frustrado, amanhã é outro dia. Vocês podem se acariciar com beijos e já partirem para o orgasmo, uma coisa rápida, porém gostosa. Pode haver penetração ou não, vai da liberdade do casal, mas pode acontecer uma única posição ou apenas carícias para que o cônjuge tenha o orgasmo ou se um deles não estiver bem para isso, não prive o seu cônjuge de ter esse prazer, trabalhe para que isso aconteça, satisfazendo o desejo do outro e terminando com uma noite de amor relaxante. Não se esqueça de que ocasionalmente um dos cônjuges pode não estar a fim, o que é natural, mas isso não pode se tornar uma rotina.

Marta e Rodrigo estavam casados há sete anos, e estavam com dificuldades em se relacionarem sexualmente com frequência. Com a chegada do primeiro filho essa situação se agravou. O filho tornou-se uma desculpa para que o casal não se relacionasse mais vezes e com qualidade, o casamento deles estava em frangalhos quando ambos resolveram tomar a atitude de buscar ajuda. Foi feita uma reestruturação na rotina deles, havia muita inversão de valores, e essa é uma das causas principais para que um relacionamento se dissolva. Eles foram orientados a tomar algumas atitudes e mudarem o estilo de vida que estavam tendo. Por fim, ela mencionou que finalmente eles tinham estabelecido noites para namorar, se divertirem, conversarem ou fazer o que quisessem. Eles tinham entendido que não havia nenhum problema em deixar o filho com uma pessoa de confiança, no caso os avós, e priorizarem o tempo juntos, assim conseguiram restaurar o relacionamento deles, fazendo coisas que ao longo dos anos foram deixadas para trás por causa da rotina e por não saber lidar com esse momento que todos nós temos.

Tornando as relações sexuais mais marcantes - Tarefa evolutiva para o casal

1. O cansaço impede vocês de fazerem sexo?
2. Qual é a atividade é mais estressante e que vocês não conseguem se livrar?

3. A rotina sexual deixa o momento desinteressante?
4. Qual seria o roteiro sexual ideal para cada um de vocês?
5. Qual é a média sexual de vocês? Três vezes por semana, uma vez, quinze dias ou dias alternados? O que seria uma média boa para vocês? E para o seu cônjuge?
6. Vocês se relacionam mais na cama ou há outro lugar confortável e sigiloso?
7. Vocês planejam o sexo com roupas, perfumes, músicas, almofadas, horários ou deixam ao acaso?
8. A frustração causa mudanças no comportamento. Respondam: vocês notaram alguma alteração no comportamento um do outro por causa da inconstância no sexo?
9. Pergunte ao cônjuge como ele vê a sua postura em relação à possibilidade de sair da rotina com relação ao lugar de se relacionarem.
10. Façam uma lista de coisa que vocês podem remanejar, a fim de sobrar o dobro do tempo que atualmente vocês têm para o sexo.

15 - Cama com prosa, música e poesia (Ricardo)

Um lugar bom para conversar e fazer poesia é quando estamos na cama com nosso único amor. A cama é o escritório do casal, e minha esposa e eu nos delongamos em tópicos diversos. Educação de filhos, igreja, ministério, uma parte da vida devocional (talvez a mais importante e verdadeira), a área financeira, planejar o futuro, discordar, concordar, desabafar, consolar, sexo e muitos outros temas são tratados ali. A cama se torna um local de intimidade nos mais variados níveis, pois proporciona um ambiente aconchegante e seguro onde os cônjuges se sentem confiantes para serem os mais autênticos e sinceros que conseguirem. O grau de honestidade depende de como se relacionam um com o outro. Involuntariamente, levantam-se barreiras que impedem a constância e a transparência de compartilhar sentimentos profundos como as necessidades, expectativas e carências. O medo de ser mal interpretado e a suspeita de que será mais uma conversa sem resultados aumentam estas barreiras. A cama é o lugar onde falamos de tudo por causa da intimidade. No entanto, não podemos permitir que essas palavras tornem-se palavras perdidas, iguais pedras jogadas num rio. Precisamos aprender a cuidar melhor das palavras, pois elas traduzem desejos, pedidos de ajuda, revelam dores da alma, como frustrações e medos. Mesmo as alegrias, às vezes, não são tão festejadas com intensidade e duração como as decepções. O quarto é o lugar mais especial da casa, e a cama o centro deste lugar mais importante. Por isso, eu sempre digo aos casais que invistam numa ótima cama, caprichem no colchão, lençóis e travesseiros muito confortáveis. Instalem uma iluminação de fases; uma luz mais clara e outra mais suave que faça sombras em alguns pontos. Decore o quarto com quadros e instale um som ou televisão. Transformem esse lugar num ninho que faça vocês suspirarem durante o dia para estarem juntos ali.

Confessemos que somos exibidos, os homens gostam de um carrão com rodas, acessórios, tudo isso só para dizer: "Olha o que eu consegui, morram de inveja!". Se o carro não é um diploma, um celular, um instrumento musical... Ou a esposa. Sabe aquelas fotos postadas por vocês em uma rede social, mostrando vocês jantando num lugar requintado? Então, essa foto diz: "Ei, pessoal, vejam como estamos felizes!", ou "Galera, é o que tem para hoje!". Então, a cama é o único lugar que não podemos mostrar o que acontece lá. Por favor, não estou dando nenhuma ideia, não façam isso! Toda a felicidade de um casamento nasce da cama, não é somente o sexo, mas a prosa. Um marido bom de cama é bom de prosa. Engana-se o homem que acha que não é preciso conteúdo para alcançar intimidade sexual. Muitas esposas não se desenvolvem sexualmente por causa de maridos ruins de prosa. Quando o marido deseja fazer um sexo diferente e a esposa se opõe, por achar inconveniente ou pela falta de libido, ele explode ou fala algo que a magoa e isso faz o relacionamento recuar. Uma boa prosa vai abrir caminho para um entendimento da esposa que, mesmo que haja motivos para ela não querer fazer sexo com o marido, ela adotará outra forma de falar. A negativa que antes era firme e sem rodeios, depois de um período de prosa planejada, será acompanhada de uma explicação e de uma ou mais opções. Imagine você com desejo de sexo, e na hora em que vocês deitam na cama, sua esposa diz: "Amor, dá um tempo, hoje não. Estou com uma dor de cabeça daquelas!". Neste caso, que é uma ocorrência muito comum, o que geralmente acontece é uma frustração e um sentimento de raiva e uma explosão do marido: "Por que você não quer fazer amor comigo?". É lógico que a resposta já foi dada; ela disse que está com uma dor de cabeça daquelas! Muitas vezes, com a insistência do marido, o casal chega a brigar e, sem resolver nada, vão dormir. Todos os casais enfrentam essa situação. Saber prosear não precisa de arte, precisa de paciência. Saber o que falar é relativamente fácil. A parte difícil é exatamente exercer a paciência e responder: "Tudo bem, amor, vamos ver isso outra hora". Se os dois não estiverem sendo acompanhados por um conselheiro que exija atitudes de ambas as partes, a esposa tola poderá se aproveitar da compreensão do marido para negar sexo consecutivamente sem motivo verdadeiro. A resposta amorosa respeita a necessidade do marido, ela leva em consideração o desejo do marido. No dia em que a esposa não quer fazer sexo com o marido, o que ela deve dizer quando ele a procura? Minha sugestão é que a esposa não diga simplesmente não. Tenho certeza de que se a esposa der uma opção para seu marido, dificilmente este casal se desentenderá por isso. Ela poderá dizer: "Amor! Estou com muita dor cabeça, me deixa dormir um pouquinho, depois você me acorda para fazermos sexo". Quando a resposta é diferente do velho e seco "não", o marido reagirá com compreensão, eu tenho certeza. Mas se a esposa ainda acha que o marido deve aceitar o seu não passivamente, porque ele tem que entender isso na marra, então essa esposa não entendeu nada sobre casamento. Lembram? A mulher não tem domínio sobre seu próprio corpo e sim o marido! Nesta prosa o marido deve entender que isso se conquista com o tempo, os casais demoram alguns anos para criarem seu próprio diálogo, suas próprias condições, seu próprio tempo de fazer sexo. Vocês devem lutar contra as acomodações negativas tradicionais, velhas e repetidas continuamente sem uma reavaliação sincera e pensada sobre esses comportamentos.

RECEPTIVOS PARA A PROSA

O marido gosta de conquistar sua amante, ele se sente másculo, viril, atraente e galanteador. Infelizmente, muitos casais deixaram envelhecer este caminho de diálogo. Já ouvi muita reclamação de esposas sobre o mesmo papo do marido. Mas será que elas não estão sendo insensíveis demais com eles? Será que não estão sabendo renovar a abordagem sexual? Sim, é os dois casos. O dia a dia pode sufocar a simplicidade do cortejo tornando-o supérfluo, desnecessário, porque não causam mais surpresa. Isso é um erro que todos nós cometemos. Deixar o hábito do galanteio do elogio, deixar de cortejar e até aqueles apelidos que pareciam "bobos", é matar a vida a dois. Todas aquelas atitudes românticas tinham sentido poético e foram abandonados. Isso torna o casal de certa forma embrutecido e apático, incapaz de reagir a um romance. Todo nosso corpo deve ser ensinado a responder ao amor. Isso pode ser ensinado. É demorado, é sacrificial, porém todo esforço gerará um bom prêmio para o casal. Paulo disse que precisava dar murros no seu corpo para ele obedecer sua vontade. 1 Coríntios 9:27. ARA: "Mas esmurro o meu corpo e o reduzo à escravidão, para que, tendo pregado a outros, não venha eu mesmo a ser desqualificado". É um texto que fala sobre o pecado lutando contra o espírito. Entretanto, também é para tudo o que queremos fazer, mas não conseguimos. Nosso corpo tem movimentos automáticos como a respiração, batimentos cardíacos, sistema digestivo. Tudo isso funciona sem que você precise pensar no que tem que fazer e depois faz. Você não pensa em respirar, simplesmente respira. Seu corpo já responde automaticamente a alguns comandos que você repetiu com tanta frequência que agora faz como uma reação a uma ação. Por exemplo: O marido toca suavemente sua esposa à noite como um sinal que deseja fazer sexo. A reação da mulher pode ser de fazer um movimento abrupto expelindo a mão do marido que a está tocando. Mesmo que seja um movimento involuntário é um tipo de rejeição. Por que o corpo da esposa está reagindo assim? A resposta é porque a mulher perdeu a receptividade. Consciente ou inconsciente isso aconteceu. O fato se dá mais quando o casal permite o esfriamento do relacionamento. Acostumam-se um com o outro e os dias juntos se tornam dia comuns e banais, a rotina apaga toda a chama que deveria durar toda a vida. Veja o mesmo texto de Paulo em outra versão em 1 Coríntios 9:27. NBV: "Eu trato o meu corpo duramente e o obrigo a ser completamente controlado para que, depois de ter chamado outros para entrarem na luta, eu mesmo não venha a ser eliminado dela". É isso que o casal precisa fazer tanto o homem quanto a mulher deve reacender o toque. Tratar o corpo duramente para que não haja reação de rejeição. Sempre noto isso nos casais, a falta de receptividade de um dos cônjuges quanto ao carinho ou toque do outro. Se isso acontece publicamente, devo concluir que isso ocorre com muito mais intensidade na intimidade do casal. O apóstolo diz que não é somente contra pecados populares que devemos forçar nosso corpo à obediência, são da mesma importância o dizer "não" ou demonstrar "indiferença" para o cônjuge, quer seja marido ou esposa. Ao ser procurado por um toque para uma relação sexual trate seu amor com muito mais atenção que damos a qualquer coisa nesta vida.

Veja um caso de um marido que aconselhei. Ele reivindicava que sua esposa dispensasse a mesma consideração que ela tratava os amigos. Por quê? Sua amada conversava docemente com eles, não dava nenhuma resposta áspera, sorria e tocava nos ombros deles enquanto conversava, demonstrando afeição e compaixão. Conversava assuntos diversos e achava graça em coisas simples do dia a dia. Isso não acontecia no relacionamento deles, ela era seca como pedra, dizia o marido. Esse casal foi advertido a serem amigos, e deveriam fazer uma espécie de jejum da vida social que pudesse dar espaço para algum embaraço para o marido. Isso é o que Paulo fala, é preciso esmurrar a carne para salvar o casamento. Somente tratando o corpo duramente, negando a ele qualquer anseio ou satisfação de flertar com outra pessoa. Alguns casos de adultério começam com aproximação, envolvimento e empatia. Todos os sentimentos devem ser duramente confrontados para saber se não há uma segunda intenção além da amizade. Até o achar graça demais nas piadas de uma amiga ou de um amigo é porta para intimidade demais. Recuse o desejo irrefletido de dar toques aleatórios em qualquer parte do corpo enquanto conversa com outra pessoa. Desistir de enviar assuntos secretos por mensagens eletrônicas, abandonar qualquer outra atitude que fira o padrão de alguém que é casado e zelar pela promessa da lealdade feita no altar.

Tratar estranhos melhor que nosso cônjuge é um dos grandes pecados que pode iniciar a descida do barranco, desamor crônico e agudo e a dissolução do casamento é o fim deste caminho. Isso é comum, termos mais paciência com quem não é da família do que com os da casa. Isso é um desvio de prioridade. Aconselhamos outro casal em que o homem tratava outras mulheres colegas de trabalho com intimidade e carinho, era atencioso e prestativo. Sendo supervisor dessas mulheres nesta empresa era bajulado por elas e o excesso de atenção que ele recebia era um suborno para favorecê-las em algo relacionado ao emprego. Qual seria o resultado comum deste comportamento? Sim, ele se envolveu com uma mulher do trabalho. Sua esposa reclamava do mesmo comportamento do caso anterior. Tratar com exagerada atenção alguém do sexo oposto. Mais uma vez Paulo diz: "esmurre seu corpo"! Sejam propícios, abram caminho para seu único amor. Estejam acessíveis, o máximo que conseguirem, um ao outro! Permitam ser procurados e achados, não virem as costas um para o outro na cama, na cozinha e nem na sala. Tenham rosto: "Sim, pode vir!". O caso desse casal também foi tratado. Eles cortaram eventos em que os dois não estivessem diretamente envolvidos igualmente para que pudessem reconstruir a atenção um ao outro.

MÚSICA E POESIA NO SEXO

Embora eu escreva bastante, e até goste um pouco disso, não sei fazer poesia muito bem, sou péssimo, admito, porém não sou totalmente desajeitado com as palavras. Sou músico e tenho um grande número de canções autorais, e as letras de todas estas canções são poesias que contêm melodias. Confesso que muitas delas são simples demais, mas com o recurso da música elas ganham beleza e um aspecto interessante. A música, que é a combinação de ritmo, harmonia e melodia, adorna a letra agregando valor ao conjunto. Tanto a poesia quanto a música contêm períodos de repouso, tensão e resolução. Algumas palavras causam a emoção de inquietação, algumas melodias, ritmos e acordes causam agitação que tendem a levar o ouvinte ao movimento ou a um momento de contemplação, reflexão ou repouso. A poesia no sexo precisa conter elementos como da escrita e da música. Você já ouviu alguma referência a corpos que dançam a dança do sexo? Tem sentido de movimento. O sexo também é comunicação e essa comunicação deve ter matizes. Imagine aquele sexo numa posição só. Pense em você ouvindo a mesma música todos os dias por 26 anos. Maçante e tedioso. Podemos até gostar de uma música, mas não conseguiríamos ouvir sempre a mesma e ficar satisfeitos. E a poesia então? Um relacionamento sexual sem diversidade é cansativo e desinteressante. O homem deve tomar cuidado para não deixar sua mente contaminar seu coração por impaciência ou até mesmo culpa da falta de jeito e desistir de elevar a vida sexual ao propósito que Deus planejou para o casamento. Muitos homens se acham sexualmente poetas e músicos, se julgam criativos e diversificados, mas não são. São incapazes de crescer com suas esposas. Você já viu algum homem impaciente que sai andando na frente da esposa no shopping? Ele não consegue caminhar junto da esposa de loja em loja, passo a passo olhando as promoções e os lançamentos. Se o marido não tem paciência e sensibilidade de transformar esse momento em algo admirável para ela, se a esposa perceber que você nunca está interessado no que é importante para ela, você não saberá ser um bom amante, um poeta, um músico do sexo! Esse comportamento indiferente faz outras áreas do casamento serem desalinhadas. Parear objetivos no casamento é um exercício que influencia todas as extensões do relacionamento conjugal. Os homens devem aprender a escolher um filme com a esposa, pintar o quarto com uma cor que agrade aos dois. É como quando passemos juntos de bicicleta, os dois sabem qual rua virar juntos, ou esperam um passar à frente para mostrar o caminho ao outro. Se o marido aprender a caminhar com sua esposa nas compras de roupas, ele também saberá esperar com paciência sua amada alcançar o planejamento ou proposta de crescimento sexual. Uma informação que todos os músicos sabem: pausa também é música. Na poesia sexual não há espaço para um sexo que não seja totalmente consensual e voluntário, não há entendimento se for com constrangimento ou forçado.

A cama desarrumada é símbolo de que as prioridades estão no seu devido lugar, eu gosto de dar exemplos aqui, pois eles qualificam o testemunho de que coisas arrumadas demais demonstram que há algo errado. Eu e minha esposa fomos visitar um casal e ao chegarmos àquela casa notamos alguns sinais que nos chamaram a atenção. Eles moravam em uma casa impecável, parecia um cenário de televisão de programa culinário, tudo conservado e arrumado. A fruteira não tinha frutas, só umas peças de cera e de cerâmica. A toalha em cima da mesa não possuía nenhuma marca de copo, de uso ou vinco. O fogão brilhava, o chão reluzia, os vidros dos armários limpos, tudo no lugar, enfim, nenhum sinal de uso, até parecia que ninguém morava ali. Conclusão, aquele casal tinha uma aparência de entrosamento e vida feliz, mas essa estranha ausência de agitação indicava um problema sério. A organização aparente e exagerada ocultava um casamento sem música, sem poesia e sexo. Ambos tinham uma postura exacerbada de pôr tudo no lugar, menos a vida sexual. Como eu disse anteriormente: quando não damos nosso amor à esposa, logo o daremos a outro lugar ou a outra pessoa. Se o marido não der seu amor, sua esposa fará poesia e música em outro lugar ou em uma ocupação. Com isso, o maior patrimônio inicial de um casamento, que são marido e mulher, transmitirá uma música ruim, uma poesia melancólica para o mundo.

DAR E RECEBER

Saber receber o toque como algo prazeroso e desejável é voltar ao começo do casamento, quando as mãos provocavam espasmos de prazer por onde passavam. O marido se aproxima da esposa, será que ela tem um rosto "sim"? Uma face que diz "sim"! Um corpo que diz "sim"! A mensagem que é passada quando o toque é recebido desperta a autoestima do homem e da mulher. Ambos têm a responsabilidade de crescer. Cada componente do casamento precisa se empenhar, oferecendo recursos, sendo o próprio meio para o desenvolvimento do outro. O egoísmo afasta a vida longa dos relacionamentos, leva o interesse no outro e a importância. O amor não resistirá a tantos inimigos, a menos que o marido cumpra sua promessa de quando se casou. Amar é um conjunto de ações, e permitir que o cônjuge cresça de verdade é saber dar e receber.

Cada atitude certa pode ser uma boa prosa, quando construímos uma linguagem permitimos mais entrosamento, e desse entendimento façam passar por experiências que despertem o cuidado e o desejo de todos os dias fazer um dia especial. O rosto "sim" do marido também pode ser quando ele entende que algo que não deveria impedir o "sim" da esposa ainda se interpõe entre eles. Mas o amor dele dará para sua própria paciência a oportunidade de ação, e esta não decepcionará, ela impedirá que a prosa seja em tom ofensivo, ou que maltrate com um gesto ou ameaça, e que não desistirá do casamento ou de amar. Ao marido cabe esmurrar sua carne para manter afinada sua música, apurada sua poesia e, assim, conquistar territórios que somente com discernimento ele conseguiria, e o casamento faz de cada ocasião um grande e épico momento de criação.

Tornando as relações sexuais mais marcantes - Tarefa evolutiva para o casal

1. O nível de intimidade de vocês é suficiente para conversarem sobre todos os assuntos que envolvem o casamento de vocês?
2. Quais assuntos não têm limites para a sinceridade?
3. Quais assuntos possuem tópicos que são delicados para se aprofundarem?
4. Vocês preferem trocar carícias no escuro, à meia luz, ou com a luz acesa? Qual desse nível de iluminação vocês não se sentem confortáveis para o sexo?

5. Vocês preferem usar palavras ou gestos corporais para se comunicarem antes do sexo e durante o sexo?
6. O que vocês falam após o sexo? Falem mais sobre o que fizeram, os gemidos, o tipo de carícia que foi excitante, se a música deu mais vontade de prolongar o sexo... Coisas que prolonguem e melhorem a experiência sexual e a comunicação de vocês.
7. Vocês têm se acomodado às negativas tradicionais: "Estou com dor de cabeça"; "Estou muito cansada (o)"; "As crianças ainda estão acordadas"; "Você só pensa em sexo."?
8. Que abordagem sexual você precisa para se reciclar? Pergunte ao seu cônjuge.
9. Você sente que seu cônjuge precisa dar mais atenção a você?
10. O que ele poderia fazer para melhorar isso? Passar menos tempo com as(os) amigas(os), olhando o celular, TV etc.

16 - Sem dor de cabeça (Dayse)

Diz a lenda que toda mulher que não está com disposição para o ato sexual, dá como desculpa a dor de cabeça; mas, pasmem, já vi essa "desculpa" sendo dada por homens também. Isso é uma frase conhecida entre os casais por longos anos, em alguns casos virou até uma brincadeira no relacionamento, mas há casos em que isso se tornou um sério problema. Lógico que há dias que são mais difíceis, cansativos, exaustivos, tensos, desgastantes, e para esses dias nem sempre há disposição para se relacionar sexualmente, embora fossem dias perfeitos para extravasar e relaxar de tudo o que foi negativo durante o dia. Porém, o relacionamento sexual depende de força e esforço e, muitas vezes, a condição física não corresponde ao desejo, e nesse caso realmente é necessário ter o descanso físico para se recompor fisicamente de um dia cheio de atividades e exaustão.

Já vimos em capítulos anteriores que os hormônios femininos são diferentes do masculino, por isso os homens estão sempre cheios de vigor e prontidão, quando na maioria das vezes as mulheres são mais inconstantes no desejo sexual porque envolve muitas coisas, entre elas a emoção. Portanto, isso não pode ser algo para que, consciente ou não, as esposas usem a fim de abster-se de algo tão maravilhoso que Deus deixou para ser livremente praticado após o casamento. Conheci mulheres que quando os maridos iam procurá-las, elas sentiam anseio, amor, sintomas no corpo de desejo pelo marido, mas ainda sim negavam tudo isso com a simples frase "hoje não". Por que uma pessoa tendo a liberdade e o desejo de passar momentos de satisfação, amor, carinho, afago, descontração, relaxamento negaria tudo isso sem nenhum motivo aparente? Nem tudo é espiritual, mas é necessário entender o cerne de uma atitude como essa. Em alguns casos, o cerne está na infância, ou seja, aconteceu alguma situação desagradável e que não foi tratada, confessada, revelada. Muitas meninas são mexidas, por parentes ou outra pessoa, e elas não revelam nada aos pais com receio de não serem compreendidas ou até mesmo acreditadas. Esse trauma com certeza terá um reflexo no casamento muito forte e que deve ser tratado entre o casal com a ajuda de conselheiros ou até de um profissional.

Às vezes, a negativa é por pura preguiça, sim, preguiça, e nesse momento é necessário ir contra o que está estabelecido em seu pensamento, é necessário desfazer a ideia de que não quero, não posso, não dá, para: eu vou me esforçar, vou tentar, será bom para mim também, serei beneficiada, nem vai levar tanto tempo para um período tão bom de prazer; é o sistema de crença que precisa ser trabalhado, a força da nossa mente tem muito poder e influencia nossas atitudes. Uma forma de trabalhar sua mente é pensar: Qual é o nível de prioridade que você está colocando seu marido e, consequentemente, seu relacionamento conjugal? Existe uma escala de prioridades que devemos seguir, Jesus nos ensinou dessa forma. Em primeiro lugar a Ele (Mateus 6:33), em seguida vem a família e, ainda neste ponto, seu marido deve vir antes dos seus filhos; ele veio primeiro e é com ele que você vai ficar até que a morte os separe. Efésios 5:22 (NTLH) diz o seguinte: *Esposa, obedeça ao seu marido, como você obedece ao Senhor.* Esse texto traz muitos questionamentos e revolta muitas esposas, mas quando você entende realmente o que ele quer dizer, faz um novo sentido em sua vida. Foi assim comigo; era muito difícil viver esse versículo, até que Deus me mostrou com o Seu amor e disse: "Dayse, obedeça ao Ricardo como você obedece a mim, como um ministério"; as coisas tomaram outra forma quando entendi dessa forma e confesso que ficou muito mais fácil obedecer como ao Senhor, naqueles momentos difíceis em que luto com a minha carne e vontade própria, porque eu amo servir ao Senhor, sempre fui uma pessoa com muitas funções na igreja e sempre foi uma alegria poder ser útil no Reino de Deus, então entendi que dessa mesma forma eu deveria amar e servir ao meu marido e priorizá-lo também. Há muitas mulheres que são um vaso de ouro na Casa de Deus, tem tempo e disposição para tudo o que lhe é solicitado, mas esquece de exercer seu primeiro ministério que é a sua família. Sempre tomamos muito cuidado com isso como pastores em nosso ministério, as mulheres sempre foram orientadas a ministrar dentro de seus lares antes de exercer seu ministério na igreja, não adianta ir para a igreja no horário solicitado, manejar seus dons e talentos na obra, mas na sua casa a pia ficou cheia com louças sujas, seus filhos ficaram sozinhos e seu marido não encontra nada para comer depois de um dia exaustivo e precisa ter paciência para esperar a mulher chegar em casa, para então preparar seu alimento, ou ele mesmo fazer. Já falamos sobre a ajuda do marido em casa, mas entendemos que a responsabilidade dos afazeres domésticos é da esposa, principalmente se ela pode ficar em casa para cuidar da casa e dos filhos. Isso me faz lembrar da Cristina, uma benção em seu ministério, porém seu marido não tinha tanto envolvimento assim com as coisas de Deus, até que Deus falou com ela nesse versículo e ela entendeu que servir ao seu marido era um ministério que precisava ser mais bem exercido, então ela percebeu que não estava priorizando seu maior ministério que era o seu marido; então ela tomou a iniciativa de se afastar de suas atividades na igreja, por um tempo não assumiu nenhuma responsabilidade e passou a dedicar mais tempo ao seu marido. Ela assistia filmes com ele, ficava em casa com ele, corria com ele e fazia amor com ele. Cristina deixou todo o seu ministério na igreja, o que não foi nada fácil, mas ela sabia que precisava priorizar o casamento. Passado um tempo, seu marido passou a se envolver mais com atividades na igreja e seu relacionamento com Deus ficou mais sólido, e Deus começou a fazer dele um líder, assim, com a insistência dele, participavam na direção de estudos para casais. Suas prioridades se tornaram: Deus, um ao outro e o ministério. Talvez não seja o ministério que você esteja priorizando no lugar do seu marido, pode ser o trabalho, uma amizade, a casa, os filhos, mas a verdade é que desalinhar as prioridades é muito mais fácil que reordená-las, portanto é preciso fazer escolhas, e isso nem sempre será confortável, mas será necessário. O tempo com Deus é a primeira coisa que deve ser buscada no seu dia, Ele vai te orientar a alinhar as demais prioridades. Quando priorizamos o amor que Deus nos deu, não haverá pensamentos egoístas, e a necessidade de servi-lo fará com que suas dores ou desconforto não sejam mais desculpas para impedir o relacionamento e o prazer que Ele beneficia para o casal.

A SEXUALIDADE É PRIORIDADE?

Há tantas coisas que exigem a atenção da mulher, a organização da sua vida, a educação dos filhos, as finanças, o trabalho (dentro e fora de casa), a vida social, ministério, administração do tempo e prioridades, que, ao final da escala, o relacionamento sexual acaba ficando por último da lista. Essas situações muitas vezes impedem que a mulher mantenha relações sexuais com o marido por semanas, ou até meses, e quando dão conta disso, o casamento está falido e acabado, o desastre acontece e elas ficam espantadas sem perceber que as necessidades do marido não estavam sendo supridas há muito tempo. Para elas essa situação pode estar estável, mas o marido está sendo negligenciado neste quesito. Para a mulher, o afeto vem antes do sexo e ela não consegue ser amorosa com uma pessoa que a deixa zangada, aborrecida e estressada. Porém, o marido tem o sexo como uma necessidade e quando isso é negligenciado, ele não consegue ouvir ou ver as necessidades da esposa até que essa área esteja resolvida. Mas a mulher espera resolver primeiro as questões pendentes para depois vir o sexo, quando, na verdade, há mais chances de se resolver tudo se o sexo vier primeiro. Por isso, é importante priorizar o sexo no relacionamento, não importa se todas as condições são perfeitas ou se não há disposição para isso, na verdade é importante satisfazer as necessidades do seu marido e deixar a linha de comunicação aberta para resolverem os problemas. Sem sexo, a linha de comunicação fica congestionada e o marido não tem condições de ser sensível às necessidades da esposa pelo fato da necessidade dele estar sendo negligenciada. Portanto, é importante deixar as desculpas de lado e priorizar seu relacionamento, seu marido e sua vida sexual. Dessa forma, seu marido vai se sentir valorizado, importante e não mais em segundo plano, destruído, desvalorizado, desanimado, insignificante, sendo tentado nesta área, vindo sempre depois de alguém ou de algo, mas ele virá após Deus, na escala de valores que Deus nos ensina e valoriza. O sexo entre marido e esposa é uma ideia de Deus, foi assim que Ele planejou, a não ser que haja enfermidades ou estejam separados, caso contrário não há motivo para não fazerem sexo regularmente. "Que os dois não se neguem um ao outro, a não ser que concordem em não ter relações por algum tempo a fim de se dedicar à oração. Mas depois devem voltar a ter relações, a fim de não caírem nas tentações de Satanás por não poderem se dominar" (1 Coríntios 7:5. NTLH). É preciso entender o que a Bíblia diz sobre a sexualidade, quando casamos, nossos corpos não nos pertencem, a questão física deve ser uma preocupação de ambos em não privar um ao outro. A necessidade e frequência sexual dependem de cada casal e de cada pessoa. O sexo não deve ser feito baseado na necessidade e no querer de uma única pessoa, isso seria um amor egoísta e está fora dos princípios de Deus. "Quem ama não é grosseiro nem egoísta" (1 Coríntios 13:5. NTLH). Quando a esposa satisfaz a necessidade de seu marido, ele é edificado como pessoa e no casamento e quem ganha com isso é a esposa. Quando isso não acontece, ele se sente diminuído e o casal se torna mais vulnerável à tentação e destruição do casamento mais do que se pode imaginar quando essa área de intimidade e comunicação é negligenciada. Isso pode acontecer com qualquer casal e é por isso que a área sexual e as necessidades do cônjuge devem ter prioridade e serem levadas em conta as justificativas dadas para que isso não aconteça. Se o seu marido sente mais necessidade do sexo e você acaba se retraindo, peça ajuda a Deus, com certeza Ele dará estratégias para você não desamparar o seu marido. Percebi que a época em que as crianças eram menores, era o período mais difícil por elas serem independentes e eu muito mais solicitada, embora sempre tivesse a ajuda do meu marido no cuidado deles, mas quando eu me deitava na cama só queria relaxar e dormir, mas eu sabia que meu marido estava lá na cama traçando planos para mim. Quando eu me deitava e ele me procurava, eu ficava pensando qual seria a minha resposta "estou exausta e com muito sono", na esperança de que ele dissesse: tudo bem, descansa um pouco e eu te chamo mais tarde, descansa hoje, você está péssima, ou "entendi a negativa" e ficasse zangado e se sentisse culpado de eu estar sobrecarregada e a noite terminaria azeda. Porém, Deus me deu uma estratégia e quem sabe sirva para você.

Quando seu marido declarar os planos que ele tem com você, ao invés de revirar os olhos e começar a chorar, respire fundo e peça um tempo para ele (o tempo que você acha que precisa, 10 ou 15 minutos) e vá fazer o que puder para ser atraente (lembrando que as mamães que ainda amamentam, normalmente tem ainda aquele cheirinho de leite), tome um banho relaxante, faça uma rápida depilação se for preciso, use um óleo de banho ou uma loção após banho preferida dele, é muito bom ter um perfume para ser usado apenas para esses momentos, penteie o cabelo e deixe da maneira que o agrada, coloque uma lingerie diferente da que é usada no dia a dia, não se preocupe com as imperfeições, ele não está preocupado com isso e normalmente se aborrece quando você, a todo momento, coloca isso em evidência. Passe um brilho nos lábios ou até um batom para impactá-lo; enquanto estiver fazendo esses preparos, vá orando para que Deus renove suas forças, dê energia, vitalidade, aguce a sua libido e que você tenha uma boa atitude. Quando estiver pronta, faça-o perceber que valeu a pena o tempo de espera e você irá se surpreender em como pode ser a melhor parceira sexual bem cuidada e sentindo-se bem consigo mesma. Ele vai ficar feliz, sentindo a importância que ele tem para você, percebendo o investimento que você fez para ele, tenho certeza de que será uma noite de muito amor e o sono será totalmente restaurador. No dia seguinte você agradecerá a si mesma por não ter dado uma resposta negativa como única opção. Esse é um pequeno investimento e prioridade que trará muitos benefícios ao seu casamento. Mantenha-se saudável e atraente. Se você não tem nenhum tipo de vaidade ou muitos cuidados com o seu corpo, faça isso por ele. Compre uma lingerie e use com ele, arrume o cabelo como ele gosta quando estiver com ele, surpreenda-o com novas atitudes sempre que possível. Coisas desagradáveis acontecem quando o casal não está sintonizado sexualmente. Não permita que haja negligência, fique de olho no calendário e não permita que passe vários dias sem se relacionarem fisicamente, não deixe de tocá-lo, fazer carícias e beijá-lo todos os dias. Se por algum motivo vocês passarem muitos dias sem se relacionarem fisicamente, peça para Deus trazer o motivo e tente se reinventar, pois nada pode parar esse momento na vida do casal, nenhum tipo de situação, busque de Deus estratégias para mudar algum tipo de situação que vem impedindo essa unidade sexual e afaste tudo e qualquer coisa que possa trazer distanciamento entre vocês. Não deixe que problemas do passado impeçam que vocês tenham esses momentos com intensidade e plenitude; procurem ajuda, busquem a Deus juntos se for o caso, não deixe de orar, não perca tudo o que Deus preparou para que vocês sejam felizes e plenos nesse relacionamento. Ore para que a negligência nunca seja usada como arma ou meio de manipulação que trará a destruição do casamento, e entenda que uma parte importante do seu ministério é satisfazer as necessidades sexuais do seu marido, nunca retendo esse prazer por egoísmo.

Tornando as relações sexuais mais marcantes - Tarefa evolutiva para o casal

1. Você acha que mentir para se livrar do sexo é algo sem consequências?
2. Seja sincero, você já disse que tinha alguma dor só para não ter sexo?
3. Seu cônjuge tem por obrigação sempre aceitar seu argumento para não fazer sexo sem questionar ou propor uma segunda opção?
4. Essa atitude, de dar desculpas, tem causado alguma implicação negativa no relacionamento de vocês?
5. Você tem alguma ideia da fonte da dor de cabeça, cansaço, desconforto muscular ou outro elemento que é a causa de adiar o sexo?
6. Se vocês sabem o motivo de um impedimento ser tão recorrente, por qual motivo vocês ainda não fizeram algo juntos para evitar que cheguem a essa repetida situação de ter que adiar o sexo?
7. O que é prioridade para vocês? O descanso, o sexo, as tarefas de casa ou a devocional?
8. Há tempo para cada propósito, como vocês têm distribuído o tempo para que todas as necessidades de vocês sejam supridas de forma equilibrada?
9. Como seu cônjuge classificaria seu esforço e interesse em satisfazer as necessidades dele?
10. Orem para que a negligência com a vida sexual de vocês seja vencida com o esforço de cada um.

17 - Eliminem os ladrões de sexo (Ricardo)

Nossa vida é rodeada de ralos, e por esses ralos escoam a seiva das coisas mais gostosas e caras do casamento. O tempo que temos, muitas vezes, é gasto com coisas fúteis que não promovem a distração ou o relaxamento que esperamos quando buscamos determinada atividade, diversão, distração ou descanso. O mal do tempo atual é a tecnologia. Ela nos conecta com muitas coisas, no entanto também nos desconecta de algo que prometemos não tirar os olhos por toda vida. Ela deixa todos entorpecidos, como zumbis, e nem percebemos o quanto isso nos prejudica. São incontáveis os benefícios do entretenimento, porém tudo o que é exagerado promove prejuízo em outra área. Os ladrões de sexo espreitam cada minuto do tempo que temos, coisas aparentemente inocentes roubam sem misericórdia um momento de amor, e se perdemos tudo para esses ladrões nosso casamento acabará. Temos inimigos em coisas que usamos como aliados. Veja o celular, por exemplo, como ele é útil. Agora cada aparelho é um pequeno escritório. Escrevemos notas no editor de texto, eu já preparei ministrações no aparelho celular a caminho de reuniões. Há um estúdio de edição de imagens, a câmera fotográfica, o editor de imagens, e o editor que põe textos nas imagens. Nesse vasto escritório também podemos consultar o banco, cotar frete, contatar empresas, serviços, administrar convites para o trabalho e uma infinidade de utilidades. Isso é muito positivo, pois estamos totalmente conectados com o mundo, porém também é negativo. O ponto positivo é que podemos ser extremamente produtivos para dar respostas rápidas ajudando a enorme lista de contatos que nos procuram. A questão negativa é que não conseguimos desconectar totalmente, sempre olhamos para a tela esperando alguma interação, ou de algo que postamos, ou de um contato, ou uma resposta que esperamos. Quando não havia essa conectividade as pessoas levavam apenas algum trabalho para casa, hoje andamos com o escritório e todos os contatos e clientes no bolso, o exagero é que o levamos até para o banheiro. Este é o ladrão de tempo do sexo mais descarado, um dos mais comuns, muito popular e forte. Nós nos tornamos muito ligados e dependentes dele, tornou-se um vício. Se alguém chama a nossa atenção reclamando ou nos avisando que estamos bitolados demais com a vida virtual nos levantamos irados com isso.

Outro comportamento também é justificar o motivo pelo qual passamos tanto tempo olhando para o celular. Há uma habilidade nossa de forjar argumentos para tentar se defender e legitimar o tanto de tempo que ficamos com o celular em mãos. O celular é um ladrão de sexo, eu presencio brigas entre casais por causa do uso excessivo do aparelho. Para não parecer que sou um desses fundamentalistas religiosos malucos, quero dizer a vocês que o objeto em si não rouba ninguém, mas o mau uso dele rouba o tempo que deveria ser usado para unir o casal.

Um casal que aconselhamos começou a ter problemas sérios de desentendimento por causa do celular. O marido não tinha interesse no uso tão amplo do aparelho, ele o usava para conversas curtas no telefone. Porém, a esposa fazia do celular seu escritório, seu púlpito, sua rede de contatos com amigas, amigos de escola academia etc. No aconselhamento, o marido reclamava que eles não tinham tempo para se dedicar ao sexo, e logo apontou o celular como culpado. Lógico que não era o aparelho, mas sua esposa que já estava descontrolada. Depois de brigarem muito por causa disso ela esperava ele dormir para usar o aparelho escondida. Isso é um caso extremo, mas comum. É um comportamento que nossa sociedade desenvolveu. A boa notícia é que podemos reverter isso com disciplina, não é nada fácil, mas se você não consegue controlar é melhor ficar sem.

SUA VONTADE PRÓPRIA TAMBÉM ROUBA

Se o marido quiser fazer sua própria vontade jamais terá um casamento equilibrado e muito menos uma esposa completamente feliz com o relacionamento. Um casamento bem-sucedido no sexo tem um histórico em que seus componentes abdicaram das suas vontades próprias e eliminaram suas manias e desejos de esperarem fazer tudo do jeito particular de cada um. Deus não tem como plano para o casamento o marido tomar todas as decisões sozinho, é um fardo muito pesado para se carregar. Nem no início nem agora. O propósito de Deus é para que os dois liderem um ao outro. O homem pode liderar com seus dons, e a mulher liderar o marido com sua sabedoria e graça. Ambos decidem juntos, compartilham e viverão o resultado daquela decisão. Quando o marido é muito rígido e perfeccionista terá uma grande muralha para escalar até conquistar certa harmonia conjugal. Sua vontade própria rouba o sexo do casal com imposições e ordens. A esposa perde o interesse em sua missão porque o marido se impõe como o "sabichão" do relacionamento. Se a mulher está magoada, por menor que seja a ofensa, refletirá isso na cama. Como? Observe seus olhos, perceba pequenas relutâncias em se desenvolver sexualmente, não é retaliação, pelo menos não deveria ser. A tristeza de uma esposa escravizada pelas obrigações impostas é percebida na falta de profundidade do toque, de sua liberdade e do sexo. Faça uma profunda e meticulosa autoavaliação e veja se você tem agido de forma autoritária com seu cônjuge. Comece a aceitar que sua esposa pode liderar você com o que ela tem como qualidade, isso creditará senso de valor, pois ela precisa, como você, sentir que pode contribuir para a felicidade e proteção da família. O sentimento de que se é útil eleva a alegria, melhora a saúde e a autoestima. Outro exercício de grande nobreza e coragem é perguntar para a esposa se você tem se comportando como um ditador, ou até arrogante, desprezando ou subestimando a capacidade da esposa em relação a qualquer área do casamento. Eu digo qualquer área porque tudo está ligado no relacionamento conjugal, uma resposta ríspida pode ser o motivo de mágoa ou obstáculo para a liberação sexual.

AMIGOS LADRÕES

Deixar para traz companhias nocivas é um grande desafio, demonstrar que o casamento vale mais que amizades é uma decisão sábia. Uma pessoa boa será um bom amigo, e esse amigo jamais permitirá que a amizade entre vocês prejudique seu casamento, em nenhuma escala, mesmo que vocês sejam amigos de infância e se amem muito. Acima de todas as amizades você deverá amar o seu casamento. Muitas amizades consomem um grande tempo, a rotina de horas de um bom "papo" para tirar o estresse, pode causar danos ao casamento. Eu sempre comento com a Dayse quando vejo homens num bar tomando cerveja por horas: Será que esses homens também passam tanto tempo assim com suas esposas rindo, bebendo e "papeando"? Pode ser também que todas aquelas esposas sejam mulheres rixosas e seus maridos preferem a companhia dos amigos no bar, porque não encontram paz em seu lar. Essa é uma observação que faço em razão da importância que algumas amizades têm e que roubam o tempo de união com a esposa.

MINISTÉRIO LADRÃO

Na igreja vemos homens que se comportam da mesma forma que os homens nos bares. É lógico que não se compara um bar com uma igreja, contudo eles ficam embriagados pelas atividades ministeriais em que estão envolvidos, esquecendo-se de devem colocar o casamento em primeiro lugar. Algumas atividades ministeriais apenas massageiam os egos, fazem seus envolvidos sentirem a adrenalina pertinente àquela frente de trabalho. A Bíblia fala sobre a dimensão da importância do chamado (em Atos 20:24. ARA): "Porém em nada considero a vida preciosa para mim mesmo, contanto que complete a minha carreira e o ministério que recebi do Senhor Jesus para testemunhar o evangelho da graça de Deus". O apóstolo Paulo disse que seu chamado é maior que a vida e com isso devemos dar a mesma importância ao nosso chamado pessoal. Na verdade, Paulo não manda ninguém negligenciar seu casamento para pregar o Evangelho, desista disso, o pecado de descuidar da vida sexual em seu casamento é maior que fracassar em seu ministério. Primeiro, Satanás quer arrasar sua família, e se sua família for assolada, sua igreja também será atingida.

GRUPO DE LADRÕES: PREOCUPAÇÕES

A grande cooperativa de ladrões! As preocupações são avassaladoras, roubam tudo o que traz equilíbrio a vida; a alegria, a paz, a saúde, a vontade de viver. Jesus sabia que o questionaríamos como os discípulos no barco (Mateus 8:24-25). Como pode Jesus dormir enquanto enfrentamos uma tempestade? O hino tradicional do cantor cristão diz: "Não se Te dá que morramos? Podes assim dormir, se a cada momento nos vemos já prestes a submergir?" As preocupações, quando nos tomam de desespero, poderão afetar tudo a nossa volta. A Bíblia ordena em 1 Pedro 5:7 que devemos entregar a Deus todas as nossas preocupações que nos tornem improdutivos e paralisados. O texto diz: "lançando sobre ele toda a vossa ansiedade, porque ele tem cuidado de vós" (1 Pedro 5:7. ARA). Se fizermos o contrário, viveremos toda a fúria do problema, e Deus não quer isso. Mesmo que a grande parte dos nossos problemas seja o resultado da nossa ação ou falta dela, Jesus quer ajudar a carregar o fardo. Um telefone que não atendemos pode nos fazer perder uma chamada de emprego. Uma dívida sem planejamento pode levar o nome à restrição de crédito. Se chegarmos repetidamente atrasados ao trabalho vamos provocar a nossa demissão. Estes são exemplos do resultado de escolhas erradas e podem originar preocupação e a ansiedade porque não temos uma saída rápida. Imagino quantos maridos estão lendo estas linhas agora, e buscam uma resposta para seu relacionamento conjugal, mas estão atolados em preocupações que geram ansiedade. Uma emoção intrigante e muito forte. Observe que damos sobrevida muito maior ao pesadelo da ansiedade, fazemos com que ela dure mais tempo que a paz que sentimos. Concentramo-nos em cada problema com tanta ênfase que amplificamos sua força, e isso faz essa energia negativa nos manter prostrados. A paz é frágil, é ela que faz você se sentir bem e a viver em harmonia com o seu cônjuge. Talvez você precise de mais que apenas estas poucas linhas que eu te ofereço para se sentir aliviado e renovado e não permitir que as preocupações roubem seu tempo e forças para o sexo com sua esposa. Faça isso, procure ajuda, converse com alguém maduro e que possa te orientar nisso. Às vezes não é a ausência de fé, o seu caso pode ser diferente dos discípulos no barco, talvez seja preciso apenas despertar sua fé, provocar a fé, usá-la para trazer paz, lembre-se de quantas situações você, ou vocês, já enfrentaram. Ajam com firmeza para que a união conjugal receba energia e tempo dedicados ao prazer sexual.

EU MESMO SOU O LADRÃO DE SEXO

Eu poderia usar a vida de Davi, ou a de Moisés, embora não tenhamos ouvido elogios sobre a vida sexual destes personagens bíblicos em encontros de casais ou pregações. Mas Davi teve uma vida sexual ativa, um homem com oito esposas teve com certeza muita atividade sexual. Ele aparentemente não viveu uma vida padrão como a nossa sociedade ocidental contemporânea permite, mas com tanta inquietação é impossível não experimentar as situações que ele enfrentou dentro de sua casa. Devido à vulnerabilidade que ele expunha sua vida, mediante sua própria personalidade, talvez colérica, é certo que com tantas mulheres seria natural esperar que elas trouxessem tantos problemas e tribulações. Mas não é disso que este livro fala, e sim da capacidade de Davi permitir se transformar no próprio ladrão de sexo. Davi compôs muitos salmos e os dispôs para que os músicos louvassem a Deus. Tantas histórias envolvendo o rei com coisas construtivas. Não sabemos se as muitas lutas que Davi teve o impediu de desfrutar uma vida sexual com suas esposas, ou se existiu uma esposa de relacionamento estável naqueles muitos anos de guerra dentro e fora de casa, para que ele pudesse construir uma união. Mas o que me chama atenção é que quando Davi se excluiu de uma vida de vigilância, ele procurou um meio de se autodestruir e destruir a vida de outros.

Quando tudo está bem tiramos um descanso das guerras para relaxar em nosso palácio. Não haveria em nós a mesma capacidade de cobiçar uma mulher próxima e criar uma oportunidade de se deitar com ela? Leia esta orientação bíblica de 1 Coríntios 15:33. ARA: "Não vos enganeis: as más conversações corrompem os bons costumes". Podemos ser influenciados pelos ladrões de sexo e roubar a realização e a união sexual com nossas esposas. Na leitura convencional que fazemos deste texto imaginamos que o veneno não está em nós, mas está em outras pessoas e que pode nos envenenar, certo? Uma pergunta: E se nós formos "a má companhia" que a Bíblia diz, ou seja, o próprio veneno? Davi foi a sua própria má companhia. Não roube sua própria carne da sua carne.

MAIS LADRÕES DE SEXO

No começo deste capítulo falei sobre o celular, um objeto que vem fazendo grandes estragos em casamentos pelo seu mau uso. Expliquei que não é o objeto em si, mas a forma como ele é utilizado. O aparelho não rouba ninguém, no entanto quando o dono dele se deixa dominar por ele, acaba permitindo que seja roubado o tempo que deveria ser aproveitado para unir o casal. Um hábito bom pode se tornar ladrão, uma leitura, um estudo, um entretenimento, até outros objetos como a televisão, o carro, a solitude, o temperamento, todas essas coisas podem roubar o sexo. O livro de Eclesiastes alerta sobre não roubar o tempo de sorrir chorando mais que o riso. Nem tirar do tempo de abraçar o tempo de deixar de abraçar. "Nesta vida tudo tem a sua hora; há um tempo certo pra tudo" (Eclesiastes 3:1. AM). Todos nós, na verdade, temos muitas paixões, um sentimento irreprimível e violento que faz com que tenhamos um desejo impetuoso por coisas ou pessoas, e até mesmo por poder ou posição. A emoção é a força da alma, uma experiência subjetiva associada ao temperamento, personalidade e motivação. Por essa experiência posso querer algo sem que haja uma explicação racional. Quero apenas por querer. Posso construir ou destruir, e minhas emoções podem me fazer perder a razão. Então, comece a se exercitar agora até tornar-se um hábito bom, saudável e construtivo, e escolha empenhar tempo com sua esposa. Não é pular em cima dela e dizer: "Escolhi fazer sexo com você agora!". Não se trata de fazer algo unilateralmente, como o ladrão faz quando rouba, pois ele toma por força. Mas constranger com ternura, conduzir, se doar sem nenhum tipo de imposição ou cobrança, até o seu único amor se entregar, se liberar. Roubamos também quando tomamos o corpo da esposa para o sexo pelo eco do texto bíblico que diz que o homem tem direito ao corpo da mulher. Não é preciso roubar assim, espere calmamente aquela emoção irreprimível ser despertada na alma dela.

Tornando as relações sexuais mais marcantes - Tarefa evolutiva para o casal

1. Falem sobre os ralos que escoam a energia sexual de cada um de vocês.

2. Comente qual ralo escoa o tempo do relacionamento sexual de vocês.
3. Qual de vocês tem o hábito de fazer prevalecer as vontades próprias sobre o casamento?
4. O que aquele que é dominante poderia deixar de fazer para equilibrar os papéis de cada um no casamento?
5. Aquele que tem a personalidade dominadora do casamento de vocês tem contribuído para o diálogo e espaço para opções com o objetivo de unir e fortalecer o casamento?
6. Quais atividades roubam o tempo do sexo de vocês?
7. Alguma pessoa influencia negativamente o casamento de vocês? Como poderiam colocar limites e desfazer isso?
8. Vocês trabalham juntos para fortalecer o sexo ou somente um lado tem se esmerado nessa tarefa?
9. Pergunte ao seu cônjuge se você tem alguma mania que impede o desenvolvimento sexual de vocês.
10. O que você gostaria de falar ao seu cônjuge relacionado ao que ele faz e que tem prejudicado o casamento e o relacionamento sexual de vocês?
11. Pergunte ao seu cônjuge o que ele gostaria de falar, e qual é a solução para evitar que as coisas que envolvem o casamento de vocês cessem de prejudicar o relacionamento sexual do casal.

18 - Cama, sexo e boa noite (Dayse)

O afeto é muito importante no casamento. Porém, depois do ato sexual, ouço muitas mulheres reclamarem de que depois de estarem totalmente envolvidas no ato sexual, o marido, pelo menos a maioria dos maridos, vira para o lado com exaustão e dormem. Com essa atitude, muitas vezes dá uma sensação de ter sido usada apenas para satisfação do seu desejo e nada mais, e muitas brigas acontecem depois de um período de amor, pela aparente falta de sensibilidade e importância dada a esse momento. Já sabemos que o homem e seu metabolismo são diferentes da mulher. Você já parou para pensar se o homem tivesse que dar à luz, quando a maioria deles se abate com uma simples dor de cabeça? É até engraçado quando deparamos com a resistência do homem em relação à mulher. Eles têm a força, mas a mulher tem a tenacidade. Dificilmente um homem conseguiria cumprir todos os compromissos da rotina de uma mulher, ter uma jornada dobrada em alguns casos. E as noites mal dormidas por causa da enfermidade de um filho ou deles mesmo, e no dia seguinte ter que cumprir na íntegra a rotina agendada com toda a plenitude de uma mulher que dormiu 8 horas de sono pleno? Mas será que isso seria uma deficiência de caráter, um defeito na linhagem de fabricação? Claro que não, Deus fez os homens dessa forma, faz parte do seu DNA ser assim. Há coisas que podem ser melhoradas? Claro que podem, basta ter um pouco de força de vontade e disciplina. Mas essa "melhora" não será possível embaixo de sermões e uma lista imensa de críticas daquilo que foi deixado de cumprir. Toda transformação requer tempo e tudo é um processo. Na Sua palavra Deus diz que fez Adão, mas que não era bom ele viver só; eu acredito que Deus percebeu que ele precisaria de alguém para orientar a sua vida de dislexia, alguém para lembrá-lo de dar comida a algum animal, de organizar o jardim, estar no horário quando Deus ia visitá-los e tantas outras tarefas que Adão tinha como responsabilidade no jardim do Éden. Não, nada disso, Deus viu que Adão precisaria de uma ajudadora que fosse fiel. "Depois o SENHOR disse: – Não é bom que o homem viva sozinho. Vou fazer para ele alguém que o ajude como se fosse a sua outra metade" (Gênesis 2:18. NTLH). Quando Deus pensou em fazer uma companheira para Adão, foi tão maravilhoso que Ele pensou em uma junção intrínseca, "como se fosse sua outra metade", quer dizer, seria como se o próprio Adão fosse uma junção na sua outra metade, isso quer dizer como se fossem um só. Que fantástico e genial foi Deus ter trazido para junto de Adão alguém que seria intrinsicamente ligado a ele. Algumas traduções dizem: "uma ajudadora idônea", que quer dizer: auxiliar, socorrer ou ajudar, cercar, rodear, envolver, proteger, defender. É para isso que as mulheres foram geradas: para proteger, defender o marido. Em uma roda de conversa, quantas vezes ouvimos mulheres falando mal de seus maridos como se fossem seus inimigos. Não foi para isso que Deus uniu o homem e a mulher de forma tão inseparável, em uma junção miscigenada onde um completa o outro, onde naquilo que você é deficiente, ele é eficiente e vice-versa, é realmente uma união, uma soma, como duas folhas de sulfite que, aos serem coladas, tornam-se uma. Mas o que esse assunto tem a ver com o título deste capítulo? Calma, nós chegaremos lá, mas primeiro tente entender o plano de Deus quando uniu você ao seu marido. Para aquela que ainda não está casada, prepare-se e fique atenta aos planos que Deus está preparando para você e vá entendendo qual será sua verdadeira função neste plano tão bem elaborado.

MANTENHA O CANAL DA COMUNICAÇÃO ABERTO

Um casal que sempre conversava sobre todos os assuntos e com constância, passou a não se falarem mais com tanto entusiasmo e frequência. A esposa cuidava da casa e dedicava atenção aos filhos e ele, por sua vez, procurava suprir a necessidade financeira da família para que não faltasse nada a nenhum deles. O marido chegava em casa e deparava com uma esposa irritadiça e exausta cumprindo a sua segunda jornada. O marido, não menos cansado, não fazia questão de puxar assunto e nem de ser solícito às necessidades de sua esposa naquele momento em que ela cuidava de tudo o que era dos dois. Após tudo terminado, quando chegava a hora de se ir pra cama, havia a necessidade (dos dois) de se relacionarem sexualmente. Após eles terem se amado e aquele clima de aproximação, ela tenta conversar sobre o que estava sentindo naquele momento de irritação, mas sem sucesso, pois durante a conversa ela percebe que seu marido estava em sono profundo.

Muitos casamentos são desfeitos sem motivo aparente, mas, na verdade, o casal simplesmente deixou de dialogar. Não que eles deixem de se falar, mas deixam de falar de coisas que são importantes para ambos. Eles podem ser pessoas divertidas e sociais quando estão longe um do outro, mas não interagem quando estão juntos. A maioria dos casais passa por isso, mas o vencedor supera essa fase e remaneja a atenção para os sinais de degradação no casamento. Há muitas falhas na comunicação conjugal e abordamos alguma delas nos capítulos anteriores, mas sabemos que, no geral, os homens têm mais dificuldade para se expressar. Mas quando a intenção é quebrar as regras da fidelidade, ele é capaz de se comunicar por horas oferecendo toda atenção que falta para a sua esposa. Mas então o que está acontecendo com o relacionamento? É muito fácil os cônjuges se acostumarem um com o outro e com isso não se tornam mais prioridade um do outro, deixando tudo para depois, semana que vem, mais tarde e, quando se dão conta, aconteceu o que chamamos de separação gradativa. Antes que se perca o que realmente é importante, é preciso estar atento aos sinais de desgaste e reaprender a conversar e mostrar a importância do outro. Muitas vezes é preciso não apenas falar, mas ouvir também. É necessário entender a importância de ouvir, isso é um gesto de empatia e cuidado com o relacionamento e não só no casamento, mas nas amizades, com os pais, irmãos, em qualquer relacionamento. Quando ouvimos o outro, há a convicção de que a outra pessoa pode contar com você e isso eleva a autoestima e a dignidade dela. Portanto, reserve um tempo para conversar, ouvir o que está no coração do seu marido; lembre-se de que você foi criada para proteger, envolve-lo e defendê-lo. Proteja-o de outros relacionamentos, envolva-o com o amor de vocês e defenda-o como sendo a sua prioridade. Ouça seu cônjuge com a atenção que você gostaria de receber dele, façam mais programas juntos, uma caminhada, um tempo só para os dois com mais frequência e aprenda a respeitar o momento de solitude dele, e não confunda esse tempo com rejeição. Às vezes, é necessário ouvir nossos pensamentos.

PRIORIZE O SEU CÔNJUGE

"... Para que as mulheres mais jovens aprendam a amar o marido..." (Tito 2:4. NTLH). Deus nos ama com um amor incondicional (*Agapao*), mesmo não fazendo sempre como Ele deseja, mas o amor da esposa deve ser incondicional com o seu marido. Essa é a instrução que Deus nos dá no texto de Tito; porém, esse amor é um amor que admira, desfruta e agrada o marido, um amor de amizade (*Phileo*), ou seja, construir com ele uma verdadeira amizade, desejando estar com ele mais do que qualquer outra pessoa. Como é possível agir assim? A forma como gastamos o nosso tempo vai mostrar a escala de valores dispensada ao marido, que deve ser além do tempo com a *the best*, com os pais, amigos do trabalho, irmãos da igreja e até mesmo com os filhos.

Lembro-me que no começo do meu casamento, eu fazia a minha agenda e incluía o meu marido. Quando havia qualquer ajuntamento, principalmente na família, eu combinava tudo e depois contava a ele; não havia interesse em perguntar antes se ele estaria disponível ou até mesmo tivesse o desejo de estar nesse compromisso, mas quando ele não estava interessado no meu programa, eu tranquilamente ia sozinha sem problema nenhum. Na verdade, eu não estava colocando o nosso amor e amizade como prioridade, mas sim a minha vontade, quando, na verdade, ele deveria ser o primeiro a ser consultado em qualquer coisa que estivesse relacionado à minha pessoa, fosse um passeio, um gasto no orçamento, ou qualquer tipo de decisão que pensasse em tomar e as pessoas deveriam saber disso. Da mesma forma, não falar com qualquer pessoa sobre o seu marido, isso inclui principalmente a família, não dando o direito de mães e sogras discutirem com você sobre as decisões e atitudes do seu marido. Escolha seu marido acima de qualquer relacionamento e isso inclui os filhos. Já ouvi muitos casos de casamentos que definharam com o passar dos anos, porque a esposa supervalorizou o investimento do seu tempo com os filhos e subvalorizou com o seu marido, aquele com quem ela fez uma aliança para viver juntos até o fim da vida. Você pode ser as duas coisas, mãe e esposa, mas não se esqueça de que seus filhos vão seguir a vida deles e você vai ficar com o seu marido até o fim.

COMO INVESTIR UM TEMPO DE QUALIDADE COM O SEU MARIDO

Invista tempo de oração: ao invés de só reclamar para ele as atitudes que te desagradam, leve as suas queixas para Deus. Abençoe a vida dele em oração, se ele ainda não tem Jesus, peça a salvação a Deus e deixe isso por conta dele. Você ficará surpresa com os frutos desse tempo de oração e Deus mudará o seu coração.

Invista em sua criatividade: planeje momentos com ele, as pessoas irão notar que ele é prioridade em sua vida. Pergunte a ele o desejo que há no seu coração, onde você pode ajudar a conquistar esse desejo, arrume uma roupa que precisa de pequenos ajustes, faça uma comida que ele goste, use o perfume que ele ama ou até mesmo uma roupa ou lingerie. Faça mimos para agradá-lo. Planeje um tempo a sós com ele.

Invista tempo diariamente: prepare a casa para a chegada dele, procure deixá-la organizada e, se possível, com um cheirinho no ar. Peça às crianças que a ajudem e recolham as coisas delas pela casa. Prepare-se para a chegada dele, cuide de sua aparência, tome um banho, use uma roupa que você estaria pronta para ir ao mercado se fosse necessário; na maioria das vezes temos o hábito de colocar a roupa mais velha e confortável quando chegamos em casa, mas quando esperamos uma visita, procuramos melhorar a nossa aparência, então faça isso para a pessoa número um de sua vida. Faça uma saudação de alegria ao vê-lo, não é hora de perguntar por que ele demorou, se trouxe o que você pediu ou onde ele estava, depois de um tempo você pode fazer isso. Também não puxe sua lista de desgosto do dia neste momento. Deixe que ele sinta o quanto é bom e importante o retorno dele para casa. O que você diz na saudação pode interferir no clima e no humor da noite toda. Não fique presa à televisão ou smartphone, mostre que ele é o número um para você naquele momento. Caso ele não faça o mesmo, suas atitudes vão acabar constrangendo as atitudes dele. Se você chega do trabalho depois do seu marido, durante o caminho retoque o batom e dê uma ajeitada no cabelo. Se você leva na bolsa aqueles frascos pequenos de perfume, esguiche um pouco na região atrás das orelhas. Ore para que Deus renove sua energia e seu físico e prepare um sorriso, um abraço e um beijo quando chegar em casa. Não tem nada pior do que uma esposa que chega com cara de derrotada, irritada e entra discursando o seu cansaço e as frustrações do dia.

Invista com palavras positivas e elogios: ao invés de encontrar resistência e negatividade precedida de uma discussão, uma resposta positiva e graciosa vai gerar um clima favorável para a comunicação. Escolha uma palavra ou frase positiva como: "Claro!", "Bom!", "Sem problemas!", "Legal!". Observe o ponto de exclamação, quer dizer que precisa haver dinâmica nas respostas. Comentamos acima que não se deve falar negativamente do marido para outras pessoas, seja quem for, mas o que se pode e deve fazer é elogiá-lo diante das pessoas e também particularmente.

Isso é uma forma de plantar sementes de amor em seu coração.

Invista no amor físico: esteja disponível para ele a qualquer hora e para o resto da sua vida. "Que ela cerque você com o seu amor, e que os seus encantos sempre o façam feliz!" (Provérbios 5:19. NTLH). Faça seu marido feliz como sendo o seu número um. Se ele dormir depois desse momento de amor, ponha em prática os pontos de investimento para a vida dele, tenho certeza de que a reação dele por causa de suas atitudes será diferente do que tem sido. Agrade, proteja, defenda o seu número um, planeje seu tempo com ele, ame-o fisicamente, responda positivamente e a comunicação do "eu amo você" terá mais forças que as suas palavras, lembre-se: "Quem planeja com cuidado tem fartura..." (Provérbios 21:5. NTLH). Então, planeje com amor e terá abundância dele, assim vocês podem ir para a cama, fazer amor e dizer boa noite com a cabeça em seu peito.

Tornando as relações sexuais mais marcantes - Tarefa evolutiva para o casal

1. A atitude que seu cônjuge tem no final do sexo é boa ou fica devendo?
2. Mudou algo em relação ao isso desde que vocês se casaram? É positiva ou negativa?
3. Qual atitude você espera do seu cônjuge quando vocês terminam o sexo?

4. Vocês preferem falar de um assunto ligado ao sexo que tiveram ou falam de outro assunto?
5. Se vocês conversam sobre problemas ou a rotina do dia, o quanto isso pode ser prejudicial para a vida sexual de vocês?
6. Como vocês definem o diálogo que têm em relação ao sexo: prático ou gostam de se aprofundarem?
7. Qual dos dois é melhor ouvinte? O outro lado tem dificuldades ou é desinteressado?
8. Como você classificaria a importância que seu cônjuge dá a vocês: baixa, média ou alta?
9. Como seu cônjuge classificaria a prioridade que vocês têm dado aos interesses dele? Baixo, médio ou alto?
10. O que falta para ambos dedicarem mais tempo aos interesses um do outro?
11. Revisem todos os itens do último tópico deste capítulo: Como investir tempo de qualidade com o seu marido. Comentem sobre como investir tempo de qualidade com a esposa.

19 - A paixão deve continuar (Ricardo)

A paixão é um sentimento forte e quente, deve existir dentro do relacionamento sexual do casal. Após terminar o sexo com sua esposa, o homem se sente tão relaxado que seus olhos querem fechar para um cochilo rápido. Não é defeito, é nossa fabricação. Porém, ele não deve se virar e dormir, simplesmente não pode deixar sua esposa sentir que era somente o sexo que ele queria e que ao conseguir isso já poderia interromper todo esforço da comunicação. O homem precisa abraçar sua esposa e dizer algumas palavras sobre aquele momento. Será um esforço enorme para muitos, às vezes porque sempre agem assim e se sintam incapazes de mudar essa falha tão grave. O homem deve continuar a comunicação sexual através de palavras sobre o momento que acabaram de ter, isso fortalece o sexo. Sua esposa se sentirá mais segura e desejada quando ele, após o orgasmo, fazer alguns comentários sobre os sabores do sexo da esposa, o doce da saliva, o perfume, do principal lugar de prazer, a textura da pele etc. Mas para isso acontecer, a esposa precisa aceitar um princípio do diálogo sexual e dos jogos do amor. Nem todos os homens reagem com sensibilidade nesta área. Se ele for atencioso e observador notará que se uma peça é movida a favor da lista pessoal de desejos sexuais, a esposa espera que o marido também mova uma ou duas peças a favor da lista de desejos sexuais dela. Lembre-se de que a lista de desejos sexuais da esposa tem mais ações relacionadas à demonstração de afeto e amor que performances sexuais em busca de prazer por prazer. Como eu disse em outro capítulo, não há nada de errado no homem buscar isso. O proibido é o egoísmo em não realizar os desejos da lista da esposa.

Ao terminar o sexo a mulher pode preferir ser abraçada, ela talvez queira colocar sua cabeça no peito do marido e receber um cafuné nos cabelos no lugar de palavras sensuais. Cada mulher tem seu jeito, seu modo ou sua forma de responder a essa questão. Porém, a reação do marido dependerá bastante da ação dela antes, durante e após o sexo. Terminou o sexo? Nada de ficar com aquela cara de: "já fiz a minha parte, agora faça a sua!". Se a mulher sempre tem o hábito de tomar as decisões e o marido se sente ressentido por isso, na cama o mesmo acorrerá, pois ele também ficará chateado porque ela pretende mandar até na cama. Antes do sexo ela deve dizer que espera receber uma atenção pós-sexo. Durante o sexo ela moverá aquela peça específica a favor dele, realizando um pedido da lista de desejos sexuais do marido. Esposa, dê valor a essa lista, pense em como exatamente ele espera que seja o seu comportamento em relação a uma abordagem sexual.

Eu sempre digo que a mulher tem o poder nas mãos, minha esposa sempre diz que o humor da casa está na esposa. Eu reconheço isso porque é histórico homens aceitarem fazer burradas épicas para ficar com a mulher. Alguns casos de homens apaixonados, em outros casos homens cativos pelo sexo. Adão comeu do fruto não por que quis, mas é muito provável que ele sabia que iria se separar de Eva. Ele não queria ficar sem sua esposa. Sansão, enfeitiçado pelo sexo com Dalila contou como se tornaria vulnerável. Adão e Sansão sofreram pelas suas escolhas. Eles preferiram sofrer a consequência do pecado do que ficar sem a mulher, ou sem sexo com aquelas mulheres. A Bíblia destaca esse poder das mulheres em Provérbios 14:1. NBV: "A mulher sábia faz do seu lar um paraíso, mas a mulher tola, sozinha, estraga a vida de sua família". Eu conheço também muitos homens que, para não ficarem sem as namoradas, deixaram a Deus. Essas mulheres não queriam uma vida de compromisso com Deus e conseguiram fazer que estes homens desistissem de professar a fé. O meu irmão foi um desses. Ele se casou com uma mulher sem compromisso com Deus, sofreu a consequência dessa escolha, suportou um fardo com inúmeras tristezas, por toda a vida até o dia da sua morte e não viu a esposa comprometida com Deus como ele esperava.

Para nós cristãos o sexo também tem uma dimensão transcendente, ele não é somente sexo. Há outras coisas que implicam: Céu, Igreja, Jesus, Noivo, Noiva, Bodas, Núpcias etc. É incrivelmente maravilhosa a visão que Deus tem do sexo: é carne, e é também espírito. Dois seres se tornam uma só carne, duas almas se fundem, mas permanecemos em corpos separados. Aprendendo a viver a realidade das coisas espirituais num mundo material. Mas quando nos relacionamos sexualmente experimentamos essa verdade: que o sexo tem dimensão espiritual. Seu marido pode não compreender isso muito bem, mas quer fazer sexo mesmo assim! Ele sente estas coisas espirituais quando sente ciúmes de você. Nem passa pela cabeça dele perder você para outro homem, você é dele, uma só carne. Realmente não é preciso empreender força intelectual para compreender tudo o que acontece nesta área. Primeiramente, o mais importante é não deixar de experimentar uma profunda intimidade por causa do medo, da ansiedade, ou dos ressentimentos.

A esposa deve começar o diálogo sem tempo ou contagens. Limpe sua ideia de tentar só uma semana ou um mês. Não conte quantas vezes você já tentou fazer. A Bíblia fala sobre a reciprocidade, ela é uma semente que germina, cresce como uma árvore e dá frutos. Lucas 6:31. NYLH: "Façam aos outros a mesma coisa que querem que eles façam a vocês". Se a esposa deseja que seu marido a abrace ao final do sexo e faça um cafuné em seus cabelos, ela precisa oferecer uma contrapartida antes de chegar a esse ponto. Torne isso um pedido leve, não uma obrigação acompanhado de uma ameaça: "Se você não fizer um cafuné eu não vou mais realizar um pedido de sexual seu!". Eu aconselhei um casal em que o marido fazia exatamente o que este capítulo propõe ajudar, ele ejaculava virava e dormia. Que frustração para aquela esposa. Quando nos reunimos para ajudar este casal fiz a pergunta esperada: "Por que você não abraça sua esposa e faz cafuné como finalização deste tempo de sexo?". A resposta dele foi bizarra: "Pastor, é frescura dela, não precisa abraçar, já gozamos!". Você deve estar pensando que ele é um troglodita, insensível, egoísta etc. Neste caso específico, sim, pois na finalização sexual estava faltando a cereja do bolo. Mas preferi pesquisar mais o relacionamento do casal, antes de dizer que ele era o pior egoísta do mundo. Durante os encontros, notamos que ele era muito machista. Gostava de receber sexo oral, mas não queria fazer na esposa. Queria muitos petiscos sexuais (rapidinha), mas às vezes não esperava sua esposa chegar ao orgasmo. Ela, por reação, começou a negar alguns pedidos do marido. Conclusão, ele estava condicionado a satisfazer apenas as suas necessidades como prioridade. Não era para punir, ou propositalmente deixar a esposa necessitada por maldade. Ele não via as necessidades sexuais da esposa no mesmo nível que as dele. Ao contrário do que ele merecia, aconselhamos a esposa a ter paciência e ajudar o marido nas tarefas sexuais evolutivas. Passamos um roteiro sexual no qual ele deveria provocar estímulo à esposa, fazer ações em que a esposa se sentisse desejada e excitada. Ele não sabia como, então ajudamos o casal nesta comunicação. Demorou alguns meses, contudo deu um ótimo resultado. O lado positivo é que ele aceitou fazer tudo o que orientássemos. Ele não era aquele troglodita egoísta que pensávamos. Após algum tempo ele começou a experimentar maior satisfação sexual quando sua esposa respondia ao seu estímulo. O casal começou a crescer juntos. Algumas vezes ele dormia após o sexo, mas isso não incomodava tanto a esposa porque algumas vezes ele fazia o cafuné que ela queria, e outras vezes levantava, preparava um lanche e conversavam mais um pouco. Ele aprendeu que abraçar sua esposa e manter a paixão no pós-sexo também era importante.

O fogo não deve apagar após o sexo, podemos ampliar as fronteiras de outras sensações igualmente agradáveis e estimulantes para além do fim da penetração e do descanso. Para manter isso, a mulher tem o poder nas mãos. Um marido apaixonado não é uma virtude só dele, a esposa provoca isso nele. A graça que uma mulher transpira faz seu marido apaixonado. Uma esposa que não sabe exalar sua feminilidade, que é rude e rixosa não pode esperar que o marido seja apaixonado. Ele vai amá-la por algum motivo, religiosos ou morais, no entanto não porque é atraído pelos predicados da esposa. A paixão continua se a mulher tratar as necessidades do marido como se fossem suas próprias necessidades. Isso pode ser difícil no ser humano que é, por natureza, egoísta, e raras pessoas são diferentes disso.

A esposa deve tomar a iniciativa de reconhecer a necessidade de Deus em todas as áreas de vida. Posso até ouvir algumas muito "religiosas" dizerem que passam horas lendo a Bíblia, desenvolvendo a oração, e aconselhando outras mulheres. Estas coisas são realmente boas. Se em seu coração você pensa que assim está fazendo todo o bem que o seu marido precisa, está enganada. Seu marido precisa da sua oração e do seu coração. É mais fácil orar pelo marido que passar horas na cama oferecendo seu amor sexual a ele. É muito mais fácil cumprir à risca um plano de leitura da Bíblia ao invés de ter um plano fixo de tempo com sexo com o marido. Tenho certeza do que muitas mulheres "religiosas" gostam: expor seus adornos, brincos, bolsas e sapatos umas às outras, mas aos próprios maridos não exibem a nudez como um sadio estímulo sexual, ao contrário, negam e privam seus maridos veementemente desse tipo de prazer. Como a esposa que assim age pode exigir um cafuné no término do sexo? Reavaliem essa questão de direito e deveres, conversem com palavras de bondade e amor. Se estiverem com ânimos exaltados sobre este assunto chamem um conselheiro experiente e de confiança para ajudar vocês a vencerem essa dificuldade. A atitude que intensifica a revanche: "só vou fazer quando ele(a) fizer primeiro", precisa ser agressivamente rejeitada. O amor não paga na mesma moeda, pois o amor tudo suporta. Essa pode parecer uma questão de baixíssima gravidade, porém se isso acontece repetidas vezes e incomoda muito o cônjuge, então a devida importância precisa ser atribuída. O acúmulo de pequenas frustrações deixa-nos irritadiços e com pouca paciência, até que explodimos por algo insignificante.

DESEJO DE TODO MARIDO PARA MANTER A PAIXÃO

O sexo não é uma obrigação, mas se a esposa passa essa impressão para o marido não conseguirá manter a paixão após o ato sexual. Esposa, pense e responda sinceramente se você vem passando por isso. Seu marido pode querer conversar mais sobre o ato conjugal do que vocês ultimamente estão falando. Há esposas que gostam de discutir a relação, mas quando o assunto é sobre sexo, ela trata disso sempre como exagero ou desejo descontrolado do marido, dessa maneira vocês nunca serão felizes.

Grande parte do casamento é conjunção carnal. Durante a famosa "DR" (discutir a relação) não acuse o marido de coisas que não estão de fato relacionados ao assunto em questão, como o peso do marido, por exemplo. Casais discutem com o objetivo de um ganhar do outro, ao invés de resolver o problema. Tenho notado que enquanto o marido reclama que sua esposa não coloca roupas provocantes, ela argumenta que algum motivo a faz agir com negativa. Deveria reconhecer a falha e oferecer uma data como prazo para vencer essa deficiência. Pode ser assim: "Amor, no próximo sábado vamos tirar a noite para fazermos sexo com mais tempo, eu vou por uma roupa que vai acender seu fogo!". Infelizmente, a mulher não prudente perde a oportunidade de crescer e apresentar uma desculpa para não fazer sexo. Ou ela reclamará do seu peso, das estrias, ou da vergonha... O marido não liga para estrias, celulites, nem para o seu pneuzinho. Se a esposa se desinibir e passar por cima desses pormenores, que somente a mulher vê como um defeito gigante, terá um casamento extraordinário. Eu tenho um pensamento, e tenho certeza, que isso afeta a maioria dos homens. É que a esposa deve ver o sexo como uma experiência mútua, em que os dois desfrutarão dessa atividade excitante e que é para ambos. Algumas mulheres encaram como um fardo que deve satisfazer apenas às necessidades físicas do homem.

Para manter a paixão é preciso ir mais cedo para a cama, e com frequência, sem ter que lembrar ou cobrar a esposa, mas que o marido possa ver o comprometimento dela na busca pelo prazer com ele. Imagine seu marido vendo você tendo atitudes visíveis de remover obstáculos e deixar de fazer coisas que podem ser feitas em outra hora para aumentar o tempo junto com ele? Ele terá mais fogo, mais paixão. Estas são atitudes de uma mulher que está envolvida em um projeto que mexe com o homem mais que outras demonstrações de afeto. Algumas vezes, o marido pode passar a ideia tola de que a palavra negativa deveria ser extinta da boca da esposa, mas na verdade o marido espera ouvir mais sins. Mais sins para ele que são dados a outros compromissos, como passeios com amigas, atividades da igreja, visita à casa dos pais.

A paixão vem quando a esposa prioriza voluntariamente o casamento, nesse caso específico é pôr a vida sexual num patamar de maior valor, nada a mais do que Deus planejou, e também não tão abaixo do propósito que o sexo foi criado. Os compromissos diários ou semanais afastam os amantes e tiram-lhes o tempo. A paixão precisa de combustível, a paixão não é fútil, ela dá vida à vida sexual do casal, é imprescindível. Os problemas recorrentes na relação do homem e da mulher são as reivindicações não atendidas. O marido pede algo à esposa, geralmente ela interpreta que esse pedido tem algo relacionado a ele vê-la como objeto sexual. Há algo de errado com esse entendimento, não é para ser percebido como algo descartável, um corpo a ser usado para os desejos sexuais de um homem. Será que haverá paixão no marido se sua esposa receber a abordagem sexual como ofensa? A reação do homem será ficar ressentido, pois ele teme nunca prever se a resposta à sua proposta de relacionamento sexual será bem ou mal interpretada. O marido é muitas vezes acusado de falta de romantismo, isso já foi tratado em outro capítulo, contudo a mulher tem o poder nas mãos. Sim! Ela pode edificar a vida do marido ao invés de entregá-lo a uma condição mental de contínua acusação que o culpa, assim: "Sua esposa não reage porque você nunca consegue ser romântico". É muito parecido com a defesa que a esposa faz quando o casal discute sobre sexo, o marido aponta a inércia de a esposa responder às reivindicações sexuais. Ela responde com algo parecido com isso: "Eu nunca sou boa o bastante para você, eu não melhorei nenhum pouco?". Ambos precisam de um caminho sempre aberto para tocar no assunto, seja para prestar contas um ao outro, ou para abrir novas pautas. A paixão deve continuar para que o amor tenha mais força para se manter e para crescer. Cada parte do relacionamento do casal é importante e crucial. Existe aquele marido que vê e trata sua esposa como um objeto sexual, e isso é um pesadelo. Mas suponho que seu marido não seja assim, ele é apenas aquele homem quente que gosta de sexo, e isso é muito bom, ele é saudável e quer sexo com sua esposa, pois ele encontra tudo de que precisa nela. Não é abuso ou ele não está se aproveitando sexualmente da esposa, é um homem com paixão, e essa faísca deve continuar. Veja os pontos que são mal interpretados, reavalie o incômodo que sente porque o marido é tão enfático sobre sexo, pergunte a si mesma se há algo que impede de receber como algo bom o interesse do marido de ser tão insistente em querer fazer sexo. O que é normal para um, pode ser anormal para outro. O equilíbrio não é buscar que o carro do casamento ande lentamente. O casal mantém a paixão antes, durante e depois do sexo se ambos estiverem olhando para a mesma direção. Após o sexo, o fogo não pode apagar, ele deve ficar ali, uma pequena chama, como aquela do lança-chamas do exército, pois quando o gatilho é apertado, o fogo é lançado longe.

Tornando as relações sexuais mais marcantes - Tarefa evolutiva para o casal

1. Em uma escala de 1 a 5, que nível de paixão sexual você atribuiria ao relacionamento de vocês? Pergunte ao seu cônjuge. Sendo: 1 e 2 ruim, 3 razoável, 4 bom e 5 excelente.
2. O diálogo sexual de vocês é limitado, aceitável ou excitante?
3. Qual de vocês tem mais facilidade para sugerir uma atividade sexual nova?
4. As preliminares são na maioria das vezes fracas, razoáveis ou quentes?
5. O pós-sexo tem ajudado vocês a desfrutarem um pouco mais do que fizeram, ou tem tido um fim abrupto?
6. Qual é a atitude negativa de cada um de vocês depois que terminaram de se relacionar e tira a beleza do que fizeram, ou deixa o outro triste?

7. O que vocês podem fazer para tornar o pós-sexo um momento de troca de impressões do que viveram juntos?
8. Comentem o que de melhor aconteceu durante o sexo: o tempo do orgasmo, o tipo de beijo, o perfume, as trocas de posição, as expressões verbalizadas ou gemidos, a iluminação do local, os olhares, os toques etc.
9. Que atitude exatamente você espera do seu cônjuge após o sexo?
10. Para ter um pós-sexo construtivo e bom é preciso ir mais cedo para a cama, o que vocês podem fazer para isso acontecer?
11. Vocês podem fazer algo no pós-sexo para estender esse momento único e promover mais tempo para o diálogo sobre o que houve no sexo? Vocês já pensaram nisso? O que seria melhor: Um petisco, assistir TV ou ver as notificações no celular? Escolham um petisco ou bebida, assim podem conversar.

20 - Seu amor é um legado (Dayse)

Embora este livro fale sobre intimidade sexual, algo que diz respeito somente a você e a seu cônjuge, isso influencia de forma negativa ou positiva os filhos e também outros casais que têm contato com vocês Acredito que vocês esperam que os filhos sejam muito bem realizados nesta área dentro do casamento. Por isso, amplie a visão sobre o sexo, ele se estende além das quatro paredes de vocês. Como eu disse, embora ele, o sexo, deva ser secreto, sem propaganda, o que é feito na intimidade atinge vocês e também refletirá nos filhos. Em uma determinada idade, os filhos querem saber como foram feitos, ou porque alguém comentou ou por curiosidade. Às vezes eles não aprendem com os pais, aprendem em outro lugar, o que não é bom. O correto é que saibam com os pais. Se eles aprenderem assim a vida sexual dos filhos terá maior chance de ser sadia, e acontecerá tudo no tempo certo nas respectivas fases da vida.

Há uma frase que diz assim: "As suas atitudes ensinam mais que suas palavras" e realmente tem muito sentido essa frase. Os filhos, assim como casais que acompanham a sua caminhada mais de perto, podem ter uma noção de como é a sua vida sexual, se é harmoniosa ou não, se está em crise ou não. É muito simples pelo fato de que toda a vida do casal reflete nas atitudes e ações e, com isso, quem está vive mais próximo poderá sentir o clima da relação. É muito importante que os filhos compreendam que o casamento é um ótimo negócio que Deus criou, mas eles não vão entender dessa forma se perceberem, virem e ouvirem discussões afiadas e apelativas entre os pais. A melhor forma de ensinar aos filhos uma vida a dois, é vivendo-a com verdade. A palavra de Deus diz em João 8:32 que quando conhecemos a verdade, ela nos liberta. Há muitas famílias que são escravas de uma aparência apresentada para os filhos e as pessoas mais próximas. Deve ser uma vida bem pobre, triste, chata e, acima de tudo, sem sucesso, porque é praticamente impossível esconder dos filhos a realidade dos fatos. Portanto, seja livre e expresse o que acontece em uma vida normal entre um casal: eles se amam, se namoram, são amigos, confidentes, fazem amor, mas também nem sempre pensam da mesma forma ou existe a mútua concordância em todos os assuntos e situações. No mundo de hoje, onde há muita perversão sexual, quando se estuda a raiz dessas causas, na maioria das vezes foram experiências de abuso sexual na infância, imagens deturpadas sobre o sexo e o conhecimento indevido nessa área. Portanto, o melhor lugar para os filhos aprenderem sobre sexo é em casa com os pais. Então, não se esqueça de que sua vida está sendo apreciada, não importa a idade do filho. Como os filhos podem entender que o casamento é um contrato de amizade e amor que Deus nos proporcionou, se eles escutam os pais falarem mal um do outro, ou ouve queixas. Há pais que tomam os filhos como conselheiros e ouvintes de seus problemas íntimos.

Isso é totalmente prejudicial para a saúde emocional do filho, não importa o sexo ou a idade dele. Os filhos vão entender que o casamento é um ótimo contrato que Deus deixou para ser usufruído com plenitude, à medida que perceberem a amizade e cumplicidade que há entre seus pais. À medida que eles ouvirem elogios entre seus pais, reconhecimento, empatia, fidelidade, entre muitas outras ações, eles vão entender que Deus estava realmente certo quando firmou esse contrato entre os homens. Quando os filhos crescem em um ambiente de amor e concordância, vendo os pais trocarem palavras de carinho entre si, um "selinho", uma frase de alegria e celebração quando um deles chega em casa, se sentirão seguros! Atitudes como: "Crianças, o papai chegou!! Vamos recebê-lo com abraços abertos! Vamos organizar a sala para que ele possa ter uma boa impressão e ser impactado quando entrar na sala, ou vamos até o carro ajudá-lo com as compras!", ou até mesmo: "A mamãe vai chegar cansada, vamos dar um jeito nessa cozinha, vão tomar banho para que ela os encontre cheirosos e lindos!". Agindo assim, sempre haverá uma expectativa com a chegada dos pais da rua. Nada se compara à frase: "Desliga esse videogame, pois daqui a pouco seu pai estará em casa e vai começar a reclamar", ou então: "Arrumem essa bagunça, não quero ouvir sua mãe falar a noite toda sobre isso quando ela chegar", pois essas atitudes mostram quem realmente são seus pais e o quanto casamento deles é uma coisa chata. Quando as crianças crescem em um ambiente de amor, é natural um abraço, um beijo ou uma expressão de amor na família, eles se identificam quando é dia de uma surpresa para a mãe ou pai e elaboram com entusiasmo o que deve ser combinado. Eles entendem que são fruto de amor, amizade, lealdade, cumplicidade. Quando chegar a idade dos questionamentos (atualmente as crianças entram nessa fase mais cedo em função de toda a informação virtual que elas têm em mão), elas devem ter as respostas de suas dúvidas. Vocês vão perceber que algumas perguntas devem ser respondidas de acordo com a idade sem uma explicação aprofundada, pois há tempo para tudo. Quando fizerem aquela pergunta que irá te surpreender, os filhos devem ter respostas verdadeiras adaptadas à idade deles. Responda a verdade, sem engano, seja livre com seus filhos, para que eles não saibam a verdade por meio da internet com imagens distorcidas daquilo que vocês vivem como família, ou até mesmo por um coleguinha do círculo de amizades dele. Há muitas famílias que sofrem consequências horríveis com os filhos, por não alertarem ou esclarecerem no tempo adequado por vergonha, falta de sensibilidade ou até mesmo por achar que não é o momento de saber, ou é pecado. Se os filhos têm dúvidas, elas devem ser esclarecidas pelos pais, não tem nada mais satisfatório e gratificante do que esse elo de confiança entre pais e filhos.

Tenho uma amiga de muitos anos, desde o tempo de colégio, que conta que foi motivo de risadas entre os amigos (hoje chamaríamos de *bullying*), porque a mãe dela, que estava grávida da segunda filha (ela é a mais velha), respondeu a sua questão sobre o nascimento da irmãzinha. A mãe respondeu que iria pegar o bebê no mercado e trazer para casa e a barriga sumiria. Concordo que mesmo sendo a geração do século XX, minha amiga era muito inocente e acreditou piamente na explicação da mãe dela, até que uma amiguinha da escola desmascarou o engano da mãe com a verdade nua e crua, mas como ela acreditava em sua mãe, continuou discordando da amiga.

Lógico que hoje em dia essa pergunta está mais fácil de ser respondida, até mesmo porque há uma geração que já foi mais esclarecida e tem menos vergonha e timidez, mas ainda acredito que a criança continua sendo ingênua e inocente em muitos aspectos, e uma descoberta dessas nos dias de hoje pode trazer trauma emocional, visto que a criança vai perceber que foi enganada pelos próprios pais e seus olhos serão abertos para o mal se um(a) amiguinho(a) quiser apresentar a verdade com fotos e vídeos na internet. O estrago será muito grande e para consertar isso vai levar muito mais tempo do que dizer a verdade e ter um relacionamento livre com seus filhos. Portanto, é muito importante ter a consciência de que tipo de legado você estará deixando para os seus filhos. Se a sua vida sexual for saudável, eles irão imitar seja qual for a situação, positiva ou negativa. A vergonha de falar certos assuntos com os filhos é uma barreira que prejudica muito o relacionamento futuro deles, e provavelmente eles também terão a mesma dificuldade, ou vão querer agir de forma diferente que foi tratado, mas não saberá como fazer porque não tiveram a base, o exemplo de como fazer. Hoje estamos muito mais conectados do que dez anos atrás e nem faz tanto tempo, mas essa conexão excessiva traz muitos prejuízos e doenças emocionais. Muitos filhos estão doentes na alma, depressivos, porque estão muito conectados, mas ao mesmo tempo desconectados. Falta conversa física, presente, interação pessoal, tato, contato, abraço, conversas jogadas foras, uma reunião à mesa durante as refeições sem smarthphones, falta olho no olho. As amizades na maioria são virtuais e qualquer coisa mal colocada pode ir à tona, à linha do tempo das redes sociais e deixar de ser algo confidencial. Com isso, os filhos andam muito sozinhos embora conectados o dia todo, os pais, além da luta para buscar a melhor provisão para eles, no pouco tempo que há também estão entretidos nas redes sociais e pouco tem para compartilhar em família e "ao vivo", não existe referência nos lares, claro que não estou generalizando, mas a grande maioria age dessa forma infelizmente. Que tipo de legado como família deixaremos para os nossos filhos? Que referência eles vão buscar quando forem buscar os sonhos deles? Se for deixado aos filhos um legado sobre um casamento de verdade no qual existe amor, compreensão, cumplicidade, lealdade, mas também a verdade, o desentendimento, o desarranjo muitas vezes, mas que se procura, o mais rápido possível, voltar para o caminho da paz, cooperação e harmonia. Eles vão entender que esse é um casamento real e verdadeiro e não como de um conto de fadas ou novelas, que hoje em dia também nem são tão maravilhosos assim. Eles vão compreender o valor do sexo no casamento, a importância que nele há e as consequências quando são feitos de maneira diferente ao modelo. É bom lembrar que os filhos crescem e fazem as próprias escolhas e, infelizmente, às vezes as escolhas deles não foram o que eles aprenderam, muitas vezes a escolha deles não é o que foi ensinado e não foi falha na educação, mas muitos pais se sentem culpados quando os filhos resolvem percorrer um caminho paralelo do que lhes foi ensinado e fazem totalmente diferente do modelo, do referencial que tiveram em casa. Os pais não devem se sentir culpados quando se tem a convicção de que foi feito da forma como Deus ensinou, neste caso é preciso continuar a depender e confiar em Deus, sabendo que a sua vontade é boa, perfeita e agradável.

Conhecemos a história de Davi, ele era um homem segundo o coração de Deus, foi um rei que guerreou e conquistou muitas vitórias porque Deus era com ele e todas as estratégias de guerra vinham do Senhor. Davi teve muitas vitórias materiais, mas também teve derrotas morais. Houve um momento na vida de Davi, que trouxe consequências negativas para a sua casa e família. Ele acabou deixando um legado de ódio, vingança e sangue. Em 2 Samuel capítulo 10 lemos muitas vitórias de Davi, mas é no capítulo seguinte que traz o início da derrota moral dele, o adultério. Mas ele não era o homem segundo o coração de Deus? Sim, mas o coração do homem não deve se afastar do coração de Deus em nenhuma condição, isso é muito perigoso para aquele que quer viver uma vida reta diante de Deus e deixar um legado de amor. Davi era um guerreiro, estava sempre pronto e à frente das batalhas, mas uma única vez que ele se ausentou da sua obrigação de rei e guerreiro, deu lugar ao pecado, isso foi um descuido do dever. Ele deveria estar no campo de batalha com o exército, mas estava em casa descansando. Estava no local errado e na hora errada. Estava com preguiça, fugiu daquilo que era a sua obrigação, deixou de realizar uma função que lhe foi outorgada, uma única vez, em um único dia lhe custou ódio, intriga e sangue como legado em sua casa e família. Davi era um rei com o dever de exercer a justiça e dar um bom exemplo. Ele tinha um reino e as mulheres que quis em seus braços, não lhe faltava nada e se tivesse falta de alguma coisa o Senhor lhe daria (2 Samuel 12:8) e, como consequência do seu pecado, a espada nunca se afastaria da casa de Davi, pois havia desprezado tudo o que o Senhor lhe havia entregado. Deus perdoou o erro de Davi, mas não o deixou sem correção, ele não podia se esconder da presença de Deus. Nos capítulos seguintes, vimos o ódio entre irmãos e o ódio de Absalão contra o próprio pai. Davi teve uma vida arregalada de muitos favores da parte de Deus, mas um dia, um único dia, mudou toda a história de sua vida, família e reinado; porque naquele dia ele fez o que queria e não o que devia. Faltou posicionamento em sua vida, ele saiu do lugar onde Deus o havia colocado. Talvez ele tenha pensado: só hoje, eu mereço, nunca faço isso... e foi nesse instante de distanciamento daquilo que Deus havia colocado em suas mãos, que ele colocou tudo a perder, deixando um legado oposto do que Deus tinha sonhado para a geração dele. Muitas vezes surge um sentimento de desistir do reinado, do ministério que Deus colocou em suas mãos, que é a sua família, mas não se ausente um só dia deste compromisso delegado por

Deus a você como marido e esposa. Há um legado a ser deixado, um legado de amor para os seus filhos, eles vão seguir o padrão fornecido por seus pais. Eles vão formar família usando as experiências que foram deixadas a eles, vão usar como referência o que eles viveram em família. Portanto, não abra mão um só dia de mostrar o padrão para os seus filhos através de suas atitudes. Respeite, trate bem, ame o seu cônjuge, não importa a situação que estiverem vivendo, se são dias bons ou dias maus; mas não despreze o que foi dado pelo Senhor, não tire um dia de folga sem que Deus te dê essa folga. Deixe para os seus filhos um legado de amor e que você possa declarar essa palavra de Deus a eles: "Sigam o meu exemplo como eu sigo o exemplo de Cristo" (1 Coríntios 11:1. NTHLH).

Tornando as relações sexuais mais marcantes - Tarefa evolutiva para o casal

1. Vocês têm o exemplo de alguém que deixou um legado de bom comportamento e que hoje inspira vocês a terem um casamento equilibrado?
2. Há algum mito na área sexual que seus pais inculcaram em você, mas que você tenha descoberto que era apenas desinformação ou tradição sem nenhuma relação com a realidade? Comentem sobre isso.
3. O diálogo com seus pais era aberto ou havia limitações? Comentem como era e comparem como vocês conversam com seus filhos.

4. Há algum tabu entre vocês, pais e filhos, algum assunto que causa constrangimento e incômodo?
5. Já conversaram sobre as implicações comportamentais sociais e espirituais da homossexualidade e outras áreas?
6. Que qualidades sinalizariam como um bom legado para o relacionamento vocês? Paciência, altruísmo, autocontrole, compreensão? Cite alguns.
7. Mesmo que os pais não comentem sobre isso, os filhos saberiam por intermédio do comportamento dos seus pais se eles têm uma vida sexual sadia?
8. Isso teria alguma importância na educação dos filhos?
9. Você diria que sua educação sexual influenciou sua vida positiva ou negativamente? O que vocês podem propor para que sejam um exemplo cristão e equilibrado para seus filhos?
10. O exemplo que vocês têm dado é suficiente ou é necessário mais empenho para transmitir ensinamentos mais claros?

21 - Se arrumem para a festa (Ricardo)

A euforia que sentimos quando estamos combinando a relação sexual é excitante e prazerosa. Nossas mentes se conectam para o propósito do amor, damos os passos para nos encontrar para uma grande festa! A festa do sexo é um evento que repetimos por anos e que a cada ciclo há um indescritível crescimento, e devemos investir nessa festa! E, como eu fico empolgado, a minha esposa também, tenho sorte de ela topar as festas que proponho, e eu topo as festas que ela propõe, ela faz a sua parte, e eu a minha. Eu me lembro do meu casamento, tudo foi preparado com muita antecedência, foi uma festa e tanto! Começamos planejando o local da cerimônia, uma igreja linda. Nada foi de graça, tivemos que arcar com uma taxa considerável. E não parou aí, precisaríamos da decoração, e também de uma roupa à altura do evento. Uma parte da música também foi paga, não poderíamos arriscar um toque incerto num evento grandioso como este! Escolhemos o repertório, as roupas, a decoração e as pessoas que nos acompanhariam no altar. Eu sinceramente não poderia ser tão organizado como a minha esposa foi, ela era muito detalhista, e ainda é. Lembro-me de que seu vestido foi uma obra de arte, íamos juntos à costureira para os ajustes e saber se tudo estava certo. A Dayse tinha uma agenda com tudo anotado, datas, horários, pagamentos, notas dos retornos dos fornecedores etc. Como ela fez tudo com empenho e antecedência, eu não me lembro de nada acontecendo fora do que planejamos. Nosso noivado também foi uma preparação para a grande festa do casamento. Nós nos guardamos um para o outro para que nossa festa fosse realmente épica! E foi! A nossa Lua de Mel tinha a Abelha-rainha e o Zangão, foi inesquecível! E tudo foi possível porque consideramos que as mínimas coisas eram importantes para tornar aquele compromisso inadiável, e fizemos de tudo para que as cores do nosso amor colorissem cada hora daquele dia.

Naquela época tínhamos algumas barreiras para vencer, desde algumas pessoas na igreja que não aceitavam nosso namoro. O motivo? Gente que é infeliz e que não vê merecimento nas outras pessoas para serem felizes. Mas essa é outra história. Com a graça de Deus e mantendo o foco naquilo que queríamos tudo foi possível. Mobiliamos, decoramos e deixamos tudo pronto em nosso ninho três meses antes do dia 28 de julho de 1990. No dia apenas curtimos cada minuto, Deus nos presenteava com sua presença e com seus presentes. Se eu contar tudo usaria muitas linhas deste livro, mas não quero cansar você! O objetivo é provar que temos que continuar planejando momentos épicos com compromisso. Não podemos ficar só na teoria ou lamentarmos os gastos financeiros ou da logística, ou quanto tempo passaremos nos relacionando e, por essa razão, infelizmente optarmos por restringir a festa com apenas o que temos em casa. É preciso investir tempo e recursos planejando e executando algumas tarefas e principalmente cancelando excessos de compromissos, tudo isso para tornar este momento em algo marcante. O sexo, como colocado neste livro, não pode ser considerado apenas um momento de alívio. Não é para ser uma atividade em que a esposa tem que cumprir com suas obrigações ou a execução de uma rotina por motivos pobres e triviais.

Se o sexo é importante para vocês, então precisam se preparar para a festa. Se preocupem mais como ele, façam valer a pena, porque vale a pena, é um momento de diversão, de alegria, de liberar emoções íntimas e experimentar o prazer das delícias que o casal deve desfrutar com liberdade, qualidade, quantidade e da forma que quiserem.

PREPARAÇÃO PARA A FESTA

No tempo em que preparávamos o casamento, eu admirava minha esposa e sua agenda contendo o planejamento da grande festa. No tempo presente eu consigo ver a Sulamita de Cantares de Salomão nas ações de minha esposa quando ela se prepara para a nossa festa. Veja o texto de Cantares capítulo 7 (AM), o versículo 10 diz: "Eu sou do meu amado. Ele me deseja com todo o seu ser..." Ela sabe que o marido a quer, e que ela é dele. Isso é uma preliminar muito estimulante. No verso 11 ela continua: "Venha, meu amado – vamos caminhar por belas paradas. Vamos achar a mais romântica pousada. Lá dormiremos e logo cedo ouviremos o canto dos pássaros". Um lugar para se amarem, e não é apenas uma ou duas horas, mas a noite inteira. Precisamos de tempo para o amor. Nossos dias tentam roubar o ócio sexual, que é meditativo, contemplativo o qual permite que se amem até a exaustão. O verso 12 revela que qualquer motivo pode ser pretexto para se entregarem um ao outro: "Sairemos à procura de flores que desabrocham, admirando a beleza das mais exóticas flores, e a perfeição de seus frutos. Ali me entregarei plenamente a você. Eu lhe darei todo o meu amor".

A Sulamita usa elementos românticos para insinuar seus desejos. Eu pelo menos vejo que as "flores abrindo" tem relação com seu planejamento de se entregar para seu amado. Como isso é provocante! Ela diz: "Assim como é tempo das flores se abrirem, é tempo de eu me abrir para você, ali vou me entregar totalmente a você!". Realmente é um livro maravilhoso, uma mente madura pode ver relação com Cristo e a Igreja, e também de como devemos ser amantes, marido e mulher. No verso 13 da versão NTLH há mais para admirar neste texto, veja como ela finaliza a sua parte: "Podemos sentir o perfume das mandrágoras. Todas as frutas saborosas estão na nossa porta. Querido, eu guardei para você todo tipo de frutas, as frutas frescas e as secas". Essa planta tem raízes em forma de forquilha, parecidas com as pernas de uma mulher. Neste contexto, essa planta adquire uma conotação especial, pois tem origem na palavra udhaim formada pela mesma raiz de "amor". Ela tem propriedades medicinais, afrodisíaca, alucinógena, analgésica e narcótica. Dá pra fazer um coquetel e tanto!

O que a Sulamita queria era deleitar-se com seu noivo num lugar reservado e sem preocupação alguma com o tempo. Nesse encontro, desfrutar do sexo em sua plenitude e, de certa forma, não podemos negar que faz parte dos seus planos ficarem embriagados pelas propriedades químicas do efeito afrodisíaco do perfume das mandrágoras e revigorados pelo poder energético das frutas secas. O que você acha disso? Ela realmente era uma mulher fogosa, quente e livre! Eu não consigo mais ler Cantares com a antiga e ultrapassada interpretação de que se trata de um livro estritamente poético, mas espiritual. Não! É um livro poético, sensual e espiritual, o desafio é por conta da aplicação pessoal, pois tem elementos não muito compreensíveis de como reproduziríamos alguns ensinamentos em nosso relacionamento com o Noivo Jesus. É um livro poético e intrigante, maravilhoso, uma mente madura pode ver total relação com Cristo e a Igreja, e também como devem ser os amantes, marido e mulher. Ainda hoje há ecos do uso das mandrágoras em muitas partes do Oriente Médio, essa planta ainda é usada por causa de suas propriedades afrodisíacas capaz de estimular o amor e aumentar a fertilidade. Na Bíblia (Gênesis 30:14), seu uso era relacionado à fertilidade e ao casamento, porque acreditavam que ajudaria as mulheres a engravidar e ter sorte no amor.

Voltando a falar do nosso casamento, ele começou às vinte horas em ponto, eu me recordo que estava olhando para o relógio no fundo da igreja, e quando o ponteiro entrou em simetria apontando que a hora, chegou a chefe cerimonial e avisou: “A noiva já chegou! Podem tocar a música para a entrada dos padrinhos”.

Nosso ninho já estava pronto há muitos meses.

A hora da festa: A hora do sexo não pode ser mudada só porque temos uma agenda flexível, pois este momento deve ser considerado tão importante como o rigor da hora do início do culto ou a hora de entrar no trabalho. Deve começar no horário planejado. É lógico que não vamos fazer uma tempestade se poucos minutos dilatarem o tempo de espera. Vamos ter bom senso e cuidado para não tirar o clima por causa de uma pressão ou cobrança por parte de um dos cônjuges. Tenho certeza de que pouquíssimos casais fazem dessa hora um momento intransferível. É pouco provável que resistam à curiosidade de atender ao telefone, a ligação de um amigo do casal ou uma carta do banco que ainda não leram. Somente as crianças conseguem nos fazer postergar o horário do sexo, afinal eles precisam estar dormindo para termos a segurança de que não seremos interrompidos com alguém batendo na porta. É muito excitante ver minha esposa adiantando os afazeres da casa para irmos para o quarto mais cedo a fim de termos mais tempo um com o outro. Lembre-se de que a Sulamita separou a noite toda para o amor

As roupas da festa: Eu quero advertir que o casal seja mais rigoroso com os pormenores que envolvem o momento do amor sexual. O marido gosta de ver sua esposa vestida com algo que o provoque. Tenho notado que isso também tem faltado nos casamentos que aconselho. A Sulamita, em poucas linhas, deu uma lição sobre como devem ser os preparativos para uma noite de amor. Tudo o que ela fez demonstrava como o noivo era desejado, os detalhes do seu roteiro sexual despertavam mais desejo no seu amante. Aquele momento era importante para ela, e isso era evidenciado nas coisas que ela fez. Mas ela, em outra parte, falhou por pensar que a roupa era mais importante que seu amor. Cantares 5:3. AM: "Mas já me troquei. Estou pronta para me deitar. Será que tenho de me levantar agora?" O resultado dessa negligência e a demora em reagir ao chamado do seu noivo foi que ele se sentiu rejeitado, e como consequência resolveu dar uma lição na Sulamita. Cantares 5:6. AM: "Ofegante e trêmula abri a porta. Que tristeza! Ele tinha ido embora. Cansado de esperar, meu amado se foi. Eu quase morri. Então, saí correndo, procurando por ele. Para o meu desespero, não o encontrei. Gritei na escuridão, mas só houve silêncio".

Embora ela dissesse que estava desperta para o amor (Cantares 5:2), não agiu no tempo certo. Não digo para haver esse tipo de tratamento, é melhor mostrar compaixão e perdão. No texto aprendemos que em todo tempo devemos estar atentos ao nosso amor. Sempre haverá consequências ruins no relacionamento de quem despreza as urgências do seu cônjuge. As roupas da festa são importantes, portanto vistam-se de acordo com o momento. Marido, esteja atento às roupas que servem como agente desmotivador. Roupas com furos, rasgadas, desbotadas e velhas devem ser descartadas deste momento. Invista em uma roupa que sua esposa possa te ver como um príncipe do amor. Se o marido tiver dúvidas sobre o que vestir, pergunte à esposa como ela gostaria de vê-lo vestido. Tenho certeza de que não faltarão sugestões quanto às roupas provocantes que o marido quer que sua amada vista. Caminhem juntos neste propósito, preparem roupas para a festa.

Aromas para a festa: Um ambiente cheiroso causa um bem-estar incrível, há cheiros que lembram determinada época. O homem precisa estar mais atento aos odores que há no local do amor, bem como ao próprio cheiro. Um perfume marca a presença do amante no território escolhido para fazer amor. Dessa forma, o marido deve cuidar para todo o seu corpo ser cheiroso. Não adianta ficar sem tomar banho direito e passar cremes e perfumes para compensar a falta de asseio. Um corpo que não é lavado com frequência não ficará bem limpo com apenas um banho na hora do sexo. Pelos pubianos, pelos nas axilas e virilha podem asseverar o odor desagradável. Não há problemas se apará-los ou depilá-los. Quebre o conceito de que para ser homem viril tem que ter seus pelos preservados. Se o casal deseja praticar alguns tipos de sexo, como o oral, ou uma massagem completa, a depilação vai tornar esses momentos uma ótima experiência. Uma esposa que aconselhamos detestava fazer sexo oral no marido. O leitor já percebeu que quando há uma reclamação de um dos cônjuges eu pergunto para o outro por qual motivo ele não fez algo para mudar o quadro. Foi o que eu fiz, perguntei ao marido porquê a esposa não gostava de atender seu pedido. Ele respondeu que aparar pelos não era algo que um homem macho deva fazer. Quanta insensibilidade e grosseria! Imagine o constrangimento que ele fazia sua esposa enfrentar com aquela quantidade de pelos pubianos. Espero que você, leitor, homem, tenha o bom senso de abandonar certos pensamentos tolos em relação a qualquer tipo de cuidado com sua higiene. A esposa não quer apenas um marido cheiroso no rosto, ombros, axilas, braços e tronco. Ela espera encontrar o perfume das mandrágoras em todo o corpo do marido, despertando o desejo dela. Se o marido pedir carícias e beijos na sua região íntima, ela poderá fazer e também se sentir atraída pela limpeza e pelo aroma exalado ali. Isso tornará a experiência em algo que ela quererá repetir outras vezes, porque encontrou o corpo do marido cheiroso.

Não se deve descuidar: Após o banho o homem deve secar muito bem todas as partes do corpo, até sua virilha com o secador suavemente para eliminar toda a umidade, se ela não for eliminada propiciará a volta do odor característico. Aroma não é sempre significado de muito perfume ou cremes sobre a pele, se o banho eliminar bem os odores, os cremes e perfumes deixarão uma pele suavemente perfumada e hidratada, pronta para ser tocada e sentida pela esposa.

A QUÍMICA DA FESTA

Na realidade, grande parte da festa já foi patrocinada por Deus, Ele nos fez, estamos prontos para desfrutar do sexo como fonte de realização. Na igreja há uma ala compromissada em dizer que no sexo reside algo de sujo e errado, uma rede que nos afasta de Deus. Não é exagero, converse com os mais antigos, informe-se sobre as orientações que tiveram em relação ao sexo. Hoje, temos na mesma igreja outra ala que interpreta a Bíblia de forma menos distorcida, porém ainda estão presos em evitar falar com mais clareza, tudo é ainda muito velado, tímido e limitado. Algumas palavras são consideradas torpes e não substantivos, verbos e adjetivos. Vamos esperar ainda alguns anos para uma libertação maior. Pode ser que tenha ligação com o texto de Romanos 5.20 que diz que haverá a superabundância da Graça, mas antes o pecado será abundante. O que fazemos com o sexo dentro da igreja pode ser parte do pecado abundante. Não em relação à prática do pecado do sexo fora dos padrões, esta já é bem certa, mas a desinformação, pois a Bíblia diz: "Meu povo está arruinado porque não sabe o que é certo nem verdadeiro" (Oseias 4:6. AM). A nossa missão, minha e de minha esposa, é dar orientação neste momento em que vivemos, mesmo que tenhamos que suprimir a clareza de algumas palavras, ainda sim temos um pouco mais de abertura e tolerância. Deus nos criou de forma tão maravilhosa, sentimos emoções a partir de reações que acontecem no físico. Os cientistas explicam o desejo sexual com dados físicos. É um processo bioquímico que tira o equilíbrio de forma rápida em todo o nosso corpo, e é percebido por meio do diagnóstico de vários sintomas. No dia em que você se apaixonou a ponto de ficar meio "abobado" houve a ação de substâncias euforizantes no seu organismo. Essa agitação depende de fatores psicológicos, e cada um de nós tem o seu modo de reagir a isso. Quando você fica assanhado, essas substâncias causam efeitos colaterais, e o objetivo delas é atingir as glândulas que regulam o aparelho reprodutor. Nesse caminho, elas vão espalhando impulsos elétricos levando seu corpo a um estado de estresse, em consequência você fica muito inquieto, energizado, uma pilha. Se você não gastar essa energia com sexo, o corpo tenta se reorganizar com comida ou atividade física. Nosso organismo também reage a essa empolgação neurológica ligada ao sexo quando ficamos excitados pelo gosto de um alimento ou pelo som de uma música, só que com muito menor intensidade de quando é por sexo, pois as mesmas substâncias são mobilizadas.

Você já ouviu falar da endorfina? Ela é liberada no fim da relação sexual, o que proporciona profundo bem-estar. Nossos neurônios se comunicam pelos neurotransmissores, e os hormônios sexuais são levados ao seu destino pela corrente sanguínea. Sem esses hormônios, nada de sexo, e se houver queda na produção deles não haverá estímulo que leve a pessoa à excitação. Esse tanque de libido ou desejo sexual muda de indivíduo para indivíduo, de mulher para homem, e também com a idade. No caso da idade, quando a mulher chega na menopausa, ela precisará de reposição do estrógeno. Já nos homens a produção de testosterona é constante. Mas há outras interferências que podem baixar sensivelmente o nível do desejo de ambos. Vemos a mão do Deus criador em cada um desses eventos. Tudo acontece primeiro no cérebro, ou seja, o estado de excitação tem início quando sentimos um estímulo associado a uma situação prazerosa guardada na memória ou em tempo real. Os estímulos chegam ao cérebro através dos cinco sentidos ou provocados pela imaginação. Por meio dos olhos há uma manifestação química, a acetilcolina, uma substância que está na formação reticular, conjunto de núcleos que estão no tronco cerebral, que nos faz prestar a atenção em determinada pessoa. Além disso, é também liberada nas terminações nervosas levando à ereção. Há tantas outras reações nas terminações nervosas que beneficiam os músculos, contraindo os vasos sanguíneos como num movimento de orquestra, harmonioso e rítmico. A dopamina tem um comportamento parecido com o da cocaína, resultado: euforia, facilidade de falar, descontrole motor, gesticulação exagerada e tremor nas pernas. A adrenalina é o hormônio que denuncia se a pessoa está respondendo ao estímulo sexual, pois isso causa arrepios e aumenta o batimento cardíaco. Quanta química há nos sentimentos que vivenciamos no relacionamento sexual! Veja a ocitocina, que é o hormônio do prazer. Quando esse hormônio vai para a corrente sanguínea sensibiliza os músculos, aumentando a intensidade do orgasmo pela contração muscular. A ideia aqui não é dar um mapa químico que você deve decorar para observar, não guardaríamos tanta informação e tudo isso é muito complexo. Estudei sobre isso, mas superficialmente, e como me fascinou quero que isso deixe você um pouco maravilhado e encantando pelo assunto. Desejo que você entenda que há muita química que Deus colocou em nós, tudo equilibrado e na medida certa. Vamos desfrutar desta engenhosidade, tenho certeza de que isso deixará Deus muito feliz! "Goza a vida com a mulher que amas" (Eclesiastes 9:9. ARA).

Tornando as relações sexuais mais marcantes - Tarefa evolutiva para o casal

1. Qual é a preferência de vocês: tirar a roupa antes do sexo ou ficar vestidos com algumas peças de roupa nas preliminares?
2. As roupas para o relacionamento sexual têm importância para vocês? Comentem sobre isso comparando com as orientações deste capítulo.
3. Vocês costumam investir nas roupas para o sexo ou só usam pijamas e peças íntimas do dia a dia?
4. Essas roupas estimulam vocês sexualmente?
5. O lugar em que fazem sexo é preparado com alguma fragrância, iluminação, música, almofadas ou outros ornamentos? Por que não preparam o ambiente?
6. Quais dicas deste capítulo vocês podem adotar? Planeje com seu cônjuge algumas mudanças sobre isso.
7. O seu cônjuge tem dificuldades de planejar um roteiro sexual e preparar o lugar para o sexo?
8. Você acha que é só de um a obrigação de fazer os preparativos?
9. Se o seu cônjuge pedir para você vestir determinada roupa ou fizer um preparativo para o local do sexo, você tem disposição de vestir o que ele pediu ou de preparar onde vão se relacionar?
10. Você está aberto para saber do seu cônjuge o que você pode fazer para melhorar no sexo, como uma depilação, outro perfume, uma roupa que agrade a ele, um horário diferente etc.?

22 - Vida sexual ativa e feliz (Dayse e Ricardo)

Estamos agora no último capítulo deste livro, delicioso de ler, tenho certeza, pois fala da recuperação de algo que é um presente da vida para nós, gostoso de fazer, homem e mulher, criados para um propósito. Quando o sexo está no lugar certo, nossa vida se harmoniza individualmente e também com o nosso par. Leia este livro quantas vezes for necessário, consulte as respostas que vocês deram às questões, tenham o hábito de voltarem a estas páginas. Ao relermos um livro, ou apenas um texto, temos uma visão melhor, uma compreensão diferente e boa. Além de melhorar a interpretação de assuntos que agradam a cada um de vocês, também causará uma reflexão positiva naqueles pontos que são divergentes. É um exercício que ajudará vocês a recuperar o tempo desperdiçado quando enfrentaram as opiniões e contestações um do outro, ou seja, as incompreensões e atitudes de indiferença que tiveram no passado por não saberem lidar com as situações serão contornadas, temos certeza. Vocês devem se demorar na leitura deste livro, na prática de suas sugestões e na revisão dos conceitos de cada um. Temos certeza de que terão um resultado muito positivo. Contate-nos, se quiserem, para nos contar as experiências que tiveram com essa leitura.

É bom saber o quanto nosso trabalho está ajudando os casais. Amem-se de tal forma que se sintam rodeados de cuidado, compreensão e realização, como se fosse o Éden, cuja tradução significa lugar de delícias.

DESARRUMAR A CAMA NA VISÃO DO RICARDO

O tempo é o nosso maior patrimônio de vida, se gastar ele em frente à televisão, computador ou celular, sem um propósito, estamos desperdiçando horas e dias de vida e que mais tarde nos arrependeremos de não ter gastado com algo útil e prazeroso. É como aquele dia em que passamos muito tempo detidos em uma tarefa, como cozinhar. Mas isso se estende além do que planejei para concluir o almoço, e não sobra tempo para lavar a louça. Mais tarde terei que lavar a louça, pois minha esposa já tem suas tarefas, e deixarei de exercitar um pouco de piano por conta de ter levando mais tempo do que deveria no almoço. Eu usei um exemplo de algo cotidiano, mas poderia ser diferente, mais tempo olhando redes sociais do que poderia e deixar de preparar o jantar ou consertar a torneira da pia da cozinha. Sempre nos incomodamos de ter gastado muito tempo em algo que prejudicou outra atividade, o trabalho ou lazer, ou não fazer nada que também é lazer. Ultimamente, tem se reclamado muito do tempo gasto no celular em redes sociais ou vendo coisas que não produzem algo construtivo. O tempo consumido negligentemente desta forma faltará mais tarde para as coisas que realmente importam e que são vitais para o casamento, trabalho, ministério ou projetos pessoais. A agenda pode ser nossa aliada ou inimiga. O sexo sempre é sacrificado pelas nossas escolhas erradas, depois ficamos cheios de amargura e frustrados nos perguntado como não conseguimos avançar nesta área e resolver a pouca frequência e a qualidade do sexo que fazemos. Então, não depende somente de uma parte o resgate daqueles planos, expectativas e sonhos que tínhamos no noivado ou no início do casamento quando imaginávamos fazer sexo todas as vezes que desse vontade ou oportunidade. Tenho certeza de que pelo menos a maioria dos homens pensaram assim. Apresentamos neste livro muitas opções para reativar o desejo sexual, a energia, as fantasias e tudo relacionado a pôr o sexo como prioridade e que dará resultado na felicidade do casal.

Um casal de amigos, com alguns anos de casados, nos convidou para uma visita em sua residência. O marido, muito orgulhoso, passou a nos mostrar sua casa, fomos então à garagem, sala, cozinha, sala de TV, quartos e banheiros, que casa linda! Mas algo nos chamou a atenção, alguns itens da cozinha estavam ainda revestidos com aquele plástico de PVC. Não havia sinais de que aquela cozinha era usada. Tanto que saímos de lá sem tomar um cafezinho sequer. Estranho, não? É fácil deduzir que ambos se negavam a cozinhar para eles mesmos. Nossa vida sexual deixa sinais de que somos ou não felizes, desfrutando ou deixando de usufruir das bênçãos de Deus por algum capricho pessoal ou descuido. Poucos casais se orgulham do relacionamento como se orgulham das coisas materiais que conquistaram. Orgulham-se do carro, do celular, da reforma da cozinha, do novo portão da casa, do novo apartamento, mas do relacionamento se queixam veladamente e a cada dia as coisas se agravam.

Outro amigo que já estava no segundo casamento convidou-nos para mostrar o seu enorme apartamento no novíssimo prédio de bairro nobre da sua cidade. A garagem tinha o piso feito com um tipo de acabamento que parecia porcelanato, um elevador inteligente, uma porta grossa e grande de madeira de lei na entrada. Todos os móveis eram novos, um sofá macio enorme rodeava o centro de umas das salas, os quartos tinham as roupas de cama tiradas da embalagem, a cozinha parecia uma nave espacial, cheia de utensílios elétricos, portas e gavetas. Quando ele abriu a dispensa deu água na boca, todo tipo de guloseimas que se possa imaginar. Após esse desfile sentamos naquele sofá, eu e minha esposa afundamos naquele sofá. E o marido falou: "Aí, pastor, que marido faria isso para dar conforto a sua mulher?". Eles brigaram e a esposa o abandonou naquele palácio e foi para a casa da mãe. Eu dei mais uma passada de olhos no apartamento, sentado mesmo, olhei para ele e disse: "É, irmão, do que vale tudo isso se ela não está aqui?". Ele ficou sem palavras. Era o que eu queria. Não adianta palavras e bens; o que tem valor são atitudes que transformam o relacionamento conjugal num palácio de amor, compreensão, cumplicidade, alento, consolação, conforto espiritual, energia para viver, alegria, prazer e encantos. As adversidades relacionadas à vida são inevitáveis, porém construam uma fortaleza do amor, um lugar em que ambos se esforcem e façam renúncias necessárias para que o outro seja feliz e realizado. Infelizmente, esse casal que citei não fez o necessário para fortalecer o relacionamento deles. Ele usufruía de um prestígio excepcional com o sucesso de sua empresa, enquanto o seu casamento agonizava. A esposa, por sua vez, arrastava suas manias pessoais sufocando o pouco tempo que tinham para resolver os conflitos do casamento. Tudo foi afetado pela falta de tempo e as falhas do primeiro casamento de ambos eram a cama. Eles trouxeram os mesmos erros para o segundo casamento, e sem tempo e foco para se relacionarem as brigas se avultaram, pois eles se acusavam de coisas que os dois faziam igualmente, cada um ao seu modo.

Às vezes é tarde demais para recuperar algo que foi totalmente devastado. Entretanto, lidamos todos os dias com o fator: a intervenção de Deus. Isso mesmo, Deus pode desfazer tudo o que fizemos de ruim no nosso casamento se tiver total sinceridade e esforço de nossa parte. Aos olhos humanos um casamento pode ser irrecuperável. Mas aqui cremos em milagres. Você pode ser o milagre que estão esperando. Pode fazer o que quer que lhe seja feito, pode perdoar da forma que espera que seja perdoado(a), ter a paciência que gostaria que tivessem com você, ou a compreensão que deseja receber. A partir desse ponto ficará mais cabível ao seu cônjuge seguir seu exemplo de abnegação.

No mundo em que vivemos, especificamente o presente momento, valoriza-se o quanto se conquistou relacionado ao dinheiro ou poder: um bom diploma, uma aposentadoria, uma casa, um plano de saúde, estudos dos filhos e sucesso na carreira. E quando se referem ao casamento e família é pouquíssimo importante, geralmente uma ordem de bons costumes e paz. Mas do casamento formou-se a família, que é a razão de se buscar outras conquistas. Por isso, nunca teremos um bom casamento se tivermos um diploma, uma casa, uma carreira ou filhos. Mas se tivermos um bom casamento podemos sustentar, amparar e apoiar todas as conquistas que vieram antes ou depois do casamento.

Um conselho bíblico que orienta o tipo de amor que devemos conquistar e manter diz: "Mas, por enquanto, até chegar a perfeição, temos três coisas que nos guiam até a consumação de tudo: confiança firme em Deus, esperança inabalável e amor extravagante. E o melhor desses três é o amor" (1 Coríntios 13:13. AM). Amor extravagante é o padrão descrito aqui. É muito mais que sentir ardor ou desejo sexual. O amor como conhecemos sempre será uma referência de renúncia e sacrifício. Esse tipo de amor fará seu relacionamento dar certo, pois casamento não é pôr o barco na água e deixar que a correnteza o leve para onde ela quiser. Casamento é ter um rumo, é fazer dar certo todos os dias. Vocês dois precisam dar extremo valor ao que um dia desejaram: casarem, serem felizes e realizados.

DESARRUMAR A CAMA NA VISÃO DA DAYSE

Viver uma vida feliz no casamento não depende de uma pessoa apenas, mas do casal. É necessário que o relacionamento entre marido e mulher seja o mais importante dos outros relacionamentos, como com pais, com amigos, com vizinhos, com o nosso melhor amigo e até com os filhos. O relacionamento mais importante deve ser o relacionamento compassivo dos cônjuges. O modo como gastamos o nosso tempo deve seguir essa ordem de prioridades. Quando você prioriza alguém ou o relacionamento, você será priorizado por essa pessoa e relacionamento. O relacionamento humano, compassivo, deve ser algo saudável e natural, não algo doentio, uma alienação chegando quase a ser uma fixação. Esse tipo de relacionamento não é saudável e as chances de você não ser priorizado agindo dessa forma é muito grande, pois o relacionamento se torna enfadado e desgastado. O cônjuge necessita experimentar que é importante e que você faz dele uma prioridade. Esse sentimento traz muitos benefícios para o relacionamento e coopera para juntos desarrumarem a cama. Um relacionamento sadio e de confiança tem a sua durabilidade até que a morte os separe, em que existem segurança e autoestima equilibrados. Quando recebemos uma visita, temos o prazer de oferecer o melhor de nós, da nossa casa, colocamos as melhores porcelanas na mesa, limpamos a casa para deixar tudo cheiroso e organizado para impressionar os convidados; damos ordens para os filhos se comportarem, às vezes até os deixamos com nossos pais ou os colocamos para dormir mais cedo. Sempre recebemos visitas com boa aparência, roupa adequada, cabelos limpos e ajeitados. Pois bem. Quando seguimos a ordem das prioridades, nosso cônjuge deve vir antes das visitas e, da mesma forma, deve ser oferecido o que há de melhor para o seu grande amor, porque você o coloca acima de todos os relacionamentos existentes em sua vida. Como já mencionei em capítulos anteriores, o único relacionamento que não deve ser mais importante que o seu cônjuge, é o seu relacionamento pessoal com Deus. Esse deve vir acima e em primeiro lugar de qualquer pessoa, situação ou coisa em sua vida. Conheci um casal que se casou muito cedo. Os dois tinham pouca idade, mas era possível perceber a imaturidade da esposa, que era bem mais nova, no relacionamento. Ela realmente venerava o marido; não fazia nada sem ele, tudo tinha que ser com ele. Ela não saía com as amigas, não participava de nenhuma confraternização que ele não fosse, nenhum retiro ou congresso de mulheres, a fim de crescer e adquirir mais conhecimento como esposa e mulher, para não deixá-lo em casa sozinho. Lógico que havia insegurança por conta da imaturidade dela que dava a impressão de que se ele estivesse longe da sua presença algo ruim aconteceria, não havia confiança em Deus e nem equilíbrio nas prioridades, pois era nítida a inversão de valores e que Deus não vinha antes do seu marido na escala de prioridades. A única coisa que ele fazia sem ela era trabalhar, e foi no trabalho que aconteceu a oportunidade dele não corresponder à prioridade que ela dava ao relacionamento deles. Havia muitas brigas porque ele, sendo mais maduro, percebia essa dependência emocional que ela despejava em cima dele; por esse motivo ele sentia como se fosse o pai dela e não marido. Num determinado dia, ele foi percebendo que uma amizade no trabalho, através de conversas na internet, uma colega agia de forma diferente; então começaram a ter um relacionamento paralelo. Ela era noiva e ele casado. Por isso, é muito importante alertar mais uma vez sobre o cuidado e a prudência que se deve ter com amizade com o sexo oposto. Mas você pode pensar que a esposa estava certa de querer estar junto, porque na primeira oportunidade em que não estavam juntos algo que não deveria acontecer veio à tona. A verdade é que ela colocou o seu marido acima de Deus, com quem deveria ter o maior e melhor relacionamento. Essa experiência trouxe dor, mas trouxe maturidade e aprendizado para os dois. Hoje eles formam uma linda família e vivem uma vida de prioridades não mais distorcidas, mas na ordem que Deus nos apresenta. Quando você prioriza o seu cônjuge, há o desejo de agradá-lo. Isso significa prestar atenção aos seus desejos, preferências e desinteresses. Isso dá um pouco de trabalho, mas gera um resultado fabuloso. Eu nunca gostei muito de assistir a filmes, sempre que ia ao cinema tirava um cochilo, mas meu marido é amante de filmes e cinema. Era muito difícil eu sentar no sofá ao seu lado para assistir a um filme, me faltava paciência, disposição e sensibilidade para agradá-lo. Até que um dia eu tive um sério problema na coluna, precisei ficar de repouso absoluto e a minha única distração era assistir a filmes, pois não havia mais nada que eu pudesse fazer – sair com as amigas, limpar a casa, fazer qualquer atividade física. Foi assim que eu aprendi a agradá-lo na marra e hoje tenho muito prazer de sentar ao seu lado para usufruir de um lazer que traz tanta satisfação a ele. E os desinteresses, como lidar com eles? Há maridos que não gostam de brinquedos esparramados pela casa, principalmente na sala, há outros que não gostam de lixo acumulado, há esposas que não gostam de bagunça no móvel principal da sala onde é colocada a carteira e as chaves quando se chega em casa, outras detestam que os maridos pendurem suas roupas atrás da porta do banheiro ou do quarto. Quais são as coisas que seu cônjuge gosta e quais que ele detesta? E o que você tem feito a esse respeito? Qual importância e prioridade seu cônjuge tem recebido de você nesses quesitos? Não importa quanto tempo vocês estejam casados, adquira e pratique o princípio de que o seu cônjuge é a pessoa mais importante e que prezar por priorizar esse relacionamento, vai gerar sentimentos satisfatórios para desarrumarem a cama juntos quantas vezes for necessário. Se eu perguntar para você a forma prática de reproduzir as dicas dos capítulos que você leu, que é desarrumar a cama, como você responderia? Aqui neste livro "desarrumar a cama" tem a mesma ideia de "amar". Então fica assim: Desarrumar (amar) é se importar quando o seu único amor parece estar triste.

Se você precisa de algo direto e simples, deixo abaixo uma lista muito clara do que é desarrumar (amar).

DESARRUMAR É...

... se vestir do amor e da graça de Deus.

... renunciar todos os dias, na tentativa de fazer o outro feliz.

... estar pronto para ouvir os erros e ter a disposição e entendimento da necessidade de corrigi-los.

... reinventar, repaginar o relacionamento, melhorar o que está bom e aperfeiçoar o que aparentemente não precisa de mudança.

... não estar preocupado com quem está certo em uma discussão, mas exercer a reconciliação o quanto antes.

... não ouvir a sua vontade própria, o desejo de fazer o que quer, deixando o cônjuge com os seus desejos e anseios frustrados, mas satisfazer as aspirações do seu cônjuge que dependem de você e tem condições para fazer isso.

... elogiá-lo em público e mostrar com amor os erros em secreto.

... investir tempo, dinheiro e criatividade em tudo que fizerem juntos. É se amar para amar o outro com força.

... dedicar tempo para ouvir, andar juntos, dar as mãos, acariciar os cabelos, se interessar pelos seus assuntos, pelo seu dia e por tudo o que está relacionado ao seu cônjuge.

... buscar forças naquele dia difícil, para não deixá-lo sem um sorriso, uma expressão de gratidão, um olhar ainda que cansado ou decepcionado.

... perdoar e pedir perdão de forma audível – precisa ficar claro para seu cônjuge o desejo de acerto e reconciliação.

... se arrumar, pôr a roupa que ele quer como uma forma de agradá-lo, sabendo o que o deixa feliz.

...ter paciência mesmo naqueles dias difíceis, seu cônjuge não tem culpa dos seus problemas pessoais.

... se oferecer para fazer uma tarefa no lugar do cônjuge desafogando ou dando um tempo para ele relaxar.

... receber os amigos do seu cônjuge, preparar o ambiente para recepcioná-los calorosamente.

Lembre-se de que o seu cônjuge não tem bola de cristal para saber e entender o que está acontecendo dentro de você. Tenha a iniciativa de querer renunciar, mudar, fazer diferente, desarrumar a cama, não seja negligente. Mude sua mente, a forma de pensar, ajustando para a realidade que está sendo vivida no momento. Dessa forma, haverá mais condições de viver uma vida mais feliz. Não negligencie o amor, a amizade, o companheirismo, a cumplicidade com o seu cônjuge. Conheça e respeite a natureza biológica e a necessidade fisiológica de seu cônjuge – leve isso a sério. Use as formas de linguagem do amor, abandone as manias que prejudicam o relacionamento de vocês.

Escrevam nos respectivos espaços a seguir o "desarrumar é" do dia a dia de vocês. De forma muito direta coloquem aquilo que cada um espera do seu cônjuge: Por exemplo:

MARIDO – DESARRUMAR É...

"antes de usar o nosso cartão de crédito, perguntar para mim, em particular, o quanto podemos gastar".

"usar aquela roupa sensual que já pedi. Você põe aquela camisola velha, isso tira todo o clima".

ESPOSA - DESARRUMAR É...

"se oferecer para levar as crianças à escola quando eu pedir sem fazer cara feia".

"me ajudar com o jantar e a louça à noite se quer que eu seja mais quente na cama. Durante o dia eu tenho muitas tarefas e preciso dormir mais cedo".

Depois que escreverem o conceito de "desarrumar é", vocês devem fazer a leitura juntos e comentar sobre cada item. O principal é praticar!

MARIDO - DESARRUMAR É...

____

____

ESPOSA - DESARRUMAR É...

____

____

UM CASAL FELIZ NA VISÃO DE RICARDO E DAYSE

"Um casal feliz" não significa ter uma vida financeira estabilizada, uma família impecável, sem problemas, acordar todos os dias lindos e felizes, com disposição para viver. Não é ter uma vida livre de imprevistos e inconveniências, de insatisfações e decepções. Ter o dia mau sem se prostrar, ter vontade de desistir muitas vezes. Não é acordar pronto como nos comerciais de margarina, sem privações ou provações. Não é gostar sempre das mesmas coisas de lazer, alimentação, lugares, marcas de carros. Um casal feliz é aquele que supera todas as dificuldades, que se reconcilia, que anima e levanta o que está caído, que dá palavras de incentivo, que vê no seu cônjuge as qualidades que ninguém está vendo. É ser gentil, romântico, é querer estar junto em todo tempo, é ser companheiro, parceiro, cúmplice. É não falar mal um do outro, é ter respeito, admiração e decência. Um casal feliz é poder rir juntos das tolices e chorar juntos no momento que se abatem. Para um casal ser feliz não é necessário que tudo esteja correndo bem para se amarem, eles se amam em qualquer situação, pois é uma necessidade mútua. Um casal feliz é generoso, não é vingativo, pois está sempre aberto para a reconciliação. O casal gosta de fazer programas juntos, ou respeitando quando o outro deseja fazer algo só. Estão sempre se elogiando e reconhecendo as virtudes um do outro por isso, um casal feliz está sempre com a sua autoestima em alta, não se abala por qualquer coisa, mas tem maturidade para reagir separando pessoas de situações. Um casal feliz ama a Deus acima de todas as coisas e tem prazer naquilo que é dos céus. Faz do outro a sua prioridade e o trata como a pessoa mais importante quando estão juntos. Um casal feliz no momento da adversidade mede suas palavras e atitudes a fim de não ofender ou machucar um ao outro, mesmo quando a conversa está calorosa. Um casal feliz sabe viver com muito dinheiro e sabe viver com pouco, sem acusações ou palavras ácidas. Um casal feliz educa os filhos juntos, sem sobrecarregar ou tirar a autoridade do outro. Os filhos percebem o relacionamento feliz, mas não perfeito, dos pais e os tem como referência para sua vida futura. Um casal feliz influencia quem está ao lado deles com sua alegria e espontaneidade. Um casal feliz influencia outros casais a viver uma vida de transparência. Um casal feliz gosta de ir à padaria na esquina de mãos dadas. Gosta de satisfazer o desejo do outro, ainda que seja pequeno. Um casal feliz é aquele que expressa um desejo e o outro se desdobra para realizar esse desejo. Um casal feliz é aquele que, quando numa discussão, a preocupação não é quem está certo ou errado, mas é tentar solucionar o problema o quanto antes. Um casal feliz não se sente à vontade para não falar com o outro, porque há necessidade de comunicação o tempo todo. Quando um projeto não dá certo para um casal feliz, não há um culpado, mas os dois falharam em alguma coisa. Mas quando um projeto é conquistado para um casal feliz, não é um só o vitorioso, mas os dois. Um casal feliz se alegra com o sucesso do outro como se fosse seu, pois na verdade os dois são uma só carne. Um casal feliz cuida um do outro na enfermidade com paciência e amor, desejando o melhor e a recuperação incessantemente. Um casal feliz não critica os familiares um do outro e respeita as limitações deles.

Um casal feliz é:

> ... melhor ter uma companhia que caminhar sozinho, para compartilhar o trabalho e dividir a

riqueza. E, se um dos dois cair, o outro ajudará, mas, sem ninguém para ajudar, fica complicado. (Eclesiastes 4:9-10. AM)

Dois numa cama aquecem um ao outro. Sozinho, você pode morrer de frio. (Eclesiastes 4:11. AM)

Sozinho, você está desprotegido. Mas, com um amigo (marido), pode enfrentar o pior. A ajuda de um terceiro (Deus) será ainda melhor: uma corda de três filamentos não se rompe com facilidade. (Eclesiastes 4:12. AM)

Nosso conselho é este: Mãos à obra, desarrumem a cama já!

Tornando as relações sexuais mais marcantes - Tarefa evolutiva para o casal

1. Anotem neste livro as mudanças que vocês esperam no relacionamento sexual de vocês.
2. Revisem todos os assuntos que vocês discutiram, quantas vezes forem necessárias.
3. Relembrem os pontos de convergência.
4. Permitam-se abrir o coração e falar de qualquer sentimento escondido ou reprimido. Tratem com delicadeza e compreensão as questões um do outro.

5. Façam uma agenda sexual, anotem o roteiro, planejem coisas novas, ampliem os horizontes tanto de experiências como de duração do sexo.
6. Façam uma lista de alvos para cada um vencer, como deixar alguma rotina ou mania que prejudica o sexo.
7. Se determinado assunto for muito divergente, não permitam que chegue ao ponto de causar discórdia. Conversem com um conselheiro.
8. Tenham uma vida devocional que possa fortalecer o relacionamento sexual. Quanto mais de Deus tiver na vida de vocês, mais próximos vocês estarão um do outro e o casamento estará protegido e fortalecido.
9. Tenham paciência, deem tempo para que o cônjuge possa reagir àquilo que, através do diálogo, ele decidiu melhorar durante a leitura deste livro.
10. Deixem este livro na cabeceira da cama.
11. Não usem nenhum texto ou conceito deste livro para coagir, obrigar, constranger ou sujeitar o cônjuge a fazer qualquer prática sexual que ele não queira.
12. Usem as sugestões deste livro como uma ferramenta para melhorar o relacionamento de vocês.
13. Coloquem o amor acima de tudo.

REFERÊNCIAS

ARTERBURN, Stephen; STOEKER, Fred. *A batalha de todo homem*. São Paulo: Mundo Cristão, 2004.

CHAPMAN, Gary. *As quatro estações do casamento*. São Paulo: Mundo Cristão, 2006.

________. *Fazer amor*. São Paulo: Mundo Cristão, 2011.

________. *O casamento que você sempre quis*. São Paulo: Mundo Cristão, 2008.

COPELAN, Rachel. *Monogamia sem monotonia*. Rio de Janeiro: Record, 2000.

FRIENSEN, Albert. *Cuidando do ser*. Curitiba: Editora Evangélica Esperança, 2000.

GEORGE, Elizabeth. *Uma mulher segundo o coração de Deus*. São Paulo: United Press, 2000.

LEMAN, Kevin. *O sexo começa na cozinha*. São Paulo: Mundo Cristão, 1999.

MUNDO Educação. Disponível em: <https://mundoeducacao.bol.uol.com.br/quimica/a-quimica-amor.htm>. Acesso em: mar. 2019.

OMARTIAN, Stormie. *O poder da esposa que ora*. São Paulo: Mundo Cristão, 1998.

PARSONS, Rob. *60 minutos para renovar seu casamento.* Belo Horizonte: Betânia, 2002.

PENNER, Clinfford e Joyce. *Intimidade no casamento.* Curitiba: Atos, 2002.

SMALLEY, Garry. *Reconquiste seu homem.* São Paulo: Market Books do Brasil, 2000.

SUPERINTERESSANTE. Disponível em: <https://super.abril.com.br/ciencia/ciencia-do-desejo/>. Acesso em: mar. 2019.

fontes
Chaparral Pro
KG Somebody That I Used To

@ágape
nas redes sociais

grupoonovoseculo
.com.br